所有教師都應該知道的事
教學計畫

What Every Teacher Should Know About
Instructional Planning

Donna Walker Tileston 著

賴麗珍 譯

DONNA WALKER TILESTON

What Every Teacher Should Know About
Instructional Planning

目　錄

Contents

作者簡介　Donna Walker Tileston

　　Donna Walker Tileston博士是一位擁有 27 年豐富經驗的教師，也是一家在全美國與加拿大為學校提供服務的策略性教學與學習（Strategic Teaching and Learning）諮詢公司的總裁。她著作等身，主要著作包括：《與眾不同的教學策略——面對障礙》（*Strategies for Teaching Differently: On the Block or Not*）（Corwin Press, 1998）、《突破障礙的革新策略》（*Innovative Strategies of the Block Schedule*）（Bureau of Education and Research [BER], 1999），以及從一出版就名列 Corwin 暢銷排行榜的《十個最佳的教學策略——大腦研究、學習型態與標準如何界定教學能力》（*Ten Best Teaching Practices: How Brain Research, Learning Styles, and Standards Define Teaching Competencies*）（Corwin Press, 2000）。

　　Tileston 博士在北德州大學（University of North Texas）獲得學士學位，在東德州州立大學（East Texas State University）獲得碩士學位，在德州 A＆M 商業大學（Texas A＆M University-Commerce）獲得教育博士學位。讀者可以在www. strategicteachinglearning.com 網站，或者透過 dwtileston@yahoo.com 信箱以 e-mail 跟她取得聯繫。

譯者簡介　　　賴麗珍

　　美國威斯康辛大學麥迪遜校區教育博士，主修成人暨繼續教育，曾任職於臺北市教育局、臺灣師範大學圖書館（組員）及輔仁大學師資培育中心（副教授）。研究興趣為學習與教學、教師發展及創造力應用。譯有《教師評鑑方法》、《有效的班級經營》、《教學生做摘要》、《班級經營實用手冊》、《增進學生的學習動機》、《創意思考教學的 100 個點子》、《思考技能教學的 100 個點子》、《重理解的課程設計》、《善用重理解的課程設計法》、《重理解的課程設計——專業發展實用手冊》、《教師素質指標》、《激勵學習的學校》、《教養自閉症兒童》、《你就是論文寫手》等等（心理出版）。

序言

John Steinbeck 曾經描寫過某位影響其人生的教師,他提到這位女老師的學生每天都迫不及待去上學,而且以渴望學更多的心情放學回家。我們都立志要成為 John Steinbeck 所說的這種教師,他們對學生的鼓舞超越課堂上課時間的限制,也使學生產生對學習的渴望。這樣的教師既不會準備不周就去上課,也不會不切實際地寄望學生的成就。有這種特質的教師知道學習需要大量的計畫及計畫前的分析(pre-planning)——同時也了解有助於確保教學期望和目標實現的計畫模式。

在 1960 年代,人們普遍認為學校和學生的成就沒有多大關係,他們反而相信,學生的家庭環境及資源對其在學校的表現影響最大。感謝像 Ron Edmonds 這類學校效能運動(Effective Schools Movement)的先驅和大腦研究者們的著作,如今我們了解,學校事實上對學生的成就有巨大的影響。藉由理解學習差異並針對差異做教學計畫,以及教導學生應用大腦的所有功能(例如,自我認知、後設認知和認知系統),今日的教師對於學生的成長有很大的影響。

本書將檢視在哪些方面教師可以成為有效的計畫者,以幫助學生善用大腦的自發學習動機,以及對班級學生提供有意義的學習經驗。筆者將探討如何撰寫及實施陳述性和程序性的目標,也將探討監控學生成功學習的有效策略。以要求完美結合課程、學習評量計畫和教學計畫的模式為基礎,本書將提供實施教學計畫的逐步指引。

我們知道,詞彙的理解對教育成就而言極重要。考慮到這一點,我提出了一份字彙表,它將是本書的一部分。我在整本書中都會提到

表 1 呈現的這些字彙：請細看這些字詞有哪些是你熟知的、哪些則否。在中間那一欄寫下你自己的定義，然後在閱讀本書的過程中檢查你的答案。

　　此外，我現在提供給你的是字彙前測，在讀完本書之後，你可以進行後測，也會看到這些測驗的解答。字彙摘要會提供關於這些字詞及其他動機相關之術語的補充資訊。

表 1 教學計畫字彙表

字彙	你的定義	你修正後的定義
績效責任（Accountability）		
成就落差（Achievement gap）		
連結（Alignment）		
評量（Assessment）		
基準（Benchmark）		
認知發展 （Cognitive development）		
脈絡化（Contextualizing）		
合作學習 （Cooperative learning）		
課程（Curriculum）		
資料本位的決定 （Data-based decision making）		
與儲存記憶相關的陳述性資訊 （Declarative information related to storage）		
陳述性目標 （Declarative objectives）		
充實學習（Enrichment）		
主要問題（Essential questions）		
明示性教學 （Explicit instruction）		
間接經驗（Indirect experience）		
跨學科課程 （Interdisciplinary curriculum）		
混合能力編班 （Mixed-ability grouping）		

（續）

字彙	你的定義	你修正後的定義
混齡編班 （Multi-age grouping）		
實作任務（Performance tasks）		
多樣化（Pluralizing）		
程序性目標 （Procedural objectives）		
反省活動 （Reflection activities）		
搭鷹架（Scaffolding）		
形塑（Shaping）		
螺旋式課程 （Spiral curriculum）		
學科學習標準（Standards）		
針對理解而教學 （Teaching for understanding）		
為測驗而教學 （Teaching to the test）		

譯者序

　　本書作者所採用的教學計畫理論依據包括了美國課程設計專家 Wiggins 和 McTighe（《重理解的課程設計》系列書之作者）所提出的「逆向設計法」、教學心理學所歸納的有效學習原理及策略，以及教學理論方面的二分法學習目標理論（即分為「陳述性」和「程序性」目標）。全書內容除了簡要說明所依據理論的要點之外，更以具體的實例闡述如何結合學科學習標準（臺灣的「九年一貫課程綱要」頗類似該標準）和學習評量計畫，以做出適當的教學計畫。

　　臺灣自實施九年一貫課程之後，各學習領域的能力指標已成為教師設計課程的依據，因此國內教師在閱讀本書之後，會更了解如何根據預期的學習結果（即能力指標）來撰寫不同層次的陳述性和程序性目標，對於習慣從「知識」、「動作技能」、「情意」等三領域來撰寫教學目標，然後據以發展教學活動策略的教師們而言，本書提供了另一種分析教學目標的視角，值得透過本書深究此方法的益處，並實際試驗於教學計畫的撰寫。

　　本書內容簡潔明瞭，讀者可以有效補充教學計畫方面的專業知識，唯因篇幅所限，本書作者對於「逆向設計法」的教學計畫模式只能抓取大原則應用之，有興趣的教師，可以再進一步研讀《重理解的課程設計》系列書，以獲得更深廣的認識。

賴麗珍

字 彙 前 測

說明：閱讀完題目後請選出一個最佳的答案。

1. 教學生拼字測驗會考到的 20 個字詞而不教其他字詞，被稱作……

   A. 為測驗而教學

   B. 針對理解而教學

   C. 形塑

   D. 明示性教學

2. 整課的教學會被連結起來，如果……

   A. 教師針對理解而教學

   B. 教師為目標而教學

   C. 教師根據書面課程或學科學習標準進行教學及評量

   D. 教師使用本州或地方的學科學習標準作為教學依據

3. 哪一個術語意指每次都以增加學習深度的講解持續教導相同的概念？

   A. 搭鷹架

   B. 螺旋式課程

   C. 實作任務

   D. 針對理解而教學

4. 檢視資料以判別是否各組學生都有學習上的進步，這是在……

   A. 分化資料

   B. 把資料基準化

   C. 分隔資料

   D. 操弄資料

5. 主要問題和下列何者有關？

A. 把單元劃分為單課教學

B. 有效的發問技術

C. 陳述性目標

D. 程序性目標

6. 為聰明的學生提供學習更複雜任務的機會，稱作……

A. 搭鷹架

B. 實作任務

C. 充實學習

D. 複數化

7. 選出「非」程序性知識的學習階段舉例。

A. 建構模式

B. 理解意義

C. 形塑

D. 內化

8. 何者是最被忽略的程序性知識學習階段？

A. 建構模式

B. 理解意義

C. 形塑

D. 內化

9. 何者是內化的關鍵？

A. 練習

B. 模式建構

C. 擴展

D. 發問

10. 教師向學生指出學習上可能遇到的問題時，就是在應用……

    A. 擴展

    B. 模式建構

    C. 形塑

    D. 組織

11. 非語文的或圖表的模式即何者之舉例？

    A. 形塑

    B. 組織

    C. 擴展

    D. 內化

12. 給學生許多舉例和想法，然後在學生有更多機會應用這些資訊時減少指導，此例是……

    A. 組織

    B. 內化

    C. 形塑

    D. 搭鷹架

13. 學習資源、分組目標、環境和任務是下列何者所應用的術語？

    A. 充實學習

    B. 合作學習

    C. 因材施教

    D. 跨學科課程

14. 下列哪一種途徑最常被應用於學習情境的提供？

    A. 程序的

    B. 語意的

    C. 情節的

D. 自動的

15. 以故事的形式來教學是何者的實例？

　　A. 複數化

　　B. 情境化

　　C. 搭鷹架

　　D. 充實學習

16. 把動作加到數學事實的學習上，就是在增加學習的哪一種途徑？

　　A. 語意的

　　B. 情節的

　　C. 充實的

　　D. 程序的

17. 何者是程序性目標？

　　A.「學生將了解詞彙的意義。」

　　B.「學生將提出解決問題的計畫。」

　　C.「學生將知道故事主角的姓名。」

　　D.「學生將知道故事的各個部分。」

18. 何者是陳述性目標的例子？

　　A.「學生將知道故事的各個部分。」

　　B.「學生將回答同學問的問題。」

　　C.「學生將針對腳踏車的各部分做出心智圖。」

　　D.「學生將說明差異和錯誤之處。」

19. 當教師提供一個以上的情境時，就是在……

　　A. 搭鷹架

　　B. 複數化

　　C. 應用螺旋式課程

    D. 應用直接經驗

20. 下列何者「非」實作任務的特徵？

    A. 為特定對象而寫作

    B. 是真實生活中的活動

    C. 是程序性的

    D. 通常由教師主導

1

教學計畫的原理

　　身為教師，我們對於教什麼和如何教，投入了大量的時間去思考，例如，要教些什麼？資訊應該如何呈現？如何知道學生能了解及應用資訊？

　　優質的教學不會突然發生；它經過良好的計畫，而且有幾方面的要素都是連結的。首先，書面課程、教學策略和評量方法全都相互連結；亦即，教師把打算要教的內容（例如，州定學科學習標準、地方學科學習標準、課程和班級教學目標）、對學生的實際教學內容，以及評量內容連結在一起。這種連結可以用視覺上的等邊三角形來顯示，各個邊長一樣重要，而學生居於中間（見圖1.1）。

　　這些因素（課程、教學和評量）之間存在著微形連結，以利確保所有學生都會了解所學的資訊。在這整本書中，筆者將檢視有助於成功教學的這些微形過程和要素。

 ## 為什麼好的計畫能產生好的學習經驗

　　我最喜歡的故事之一是《愛麗絲夢遊奇境》（*Alice in Wonderland*）。

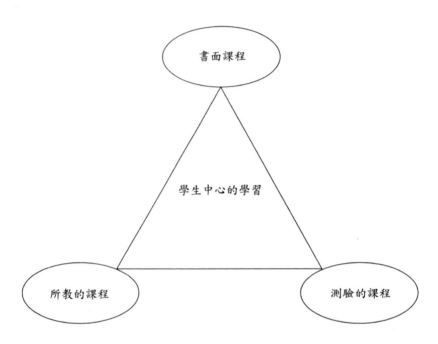

圖 1.1 連結的課程

主角最常被引用的一段是愛麗絲和無所不知的笑臉貓交換身分。愛麗絲迷路了，於是她向笑臉貓問路，貓問她要往哪個方向去，她轉過身來回答說不知道。於是貓就說，如果她不知道要去哪裡，往哪個方向去都無所謂。這段對話對於為什麼好的計畫能產生好的學習經驗，提供了完美的模式。若缺乏計畫，就很難確認我們要往哪裡去，更遑論期望的教學結果。為了學生的緣故，我們必須具體知道想要的學習是什麼、如何達到該結果，以及預期的結果會是什麼。透過對教學策略的大腦研究和後設分析研究，有史以來我們首度可以為學生提供完整的指引。

Wiggins 和 McTighe（1998）提出教學設計的三步驟過程。首先，

我們必須自問，要學生在學習之後了解的知識和表現的能力是什麼。其次，我們必須檢視，如何知道學生正在學習，而且學習之後能完成實作任務。第三，我們必須確認有哪些教學策略能確保學生學習，而且他們能夠應用所學的資訊。當然，這些複雜的過程顯示，教學不應該採用冒險的方法。

應用此種三步驟過程來教學時，不致於產生意外的教學，也不至於發生評量學生尚未習得的知識這種「惡整學生」的事。再者，一開始就說明學習目標、把學生將如何根據這些目標被評量的方式告知學生和家長，然後實施這些目標的教學，我們就會變得對學生的學習更加負責。我們的教學目標、評量工具和教學策略會成為導致優質學習的系統。比起只是「見機行事」，萬一這個系統有點出錯時，我們就更能夠找出問題，然後加以修正。在班級教學計畫方面應用系統概念來思考，我們會以學生所需的計畫及監控自己思考之方式為學生建構模式。

在做各課教學計畫時，最先和最後的步驟應該是查核教學目標是否和本州及地方的學科學習標準連結、教學計畫教的是否是學生應知道和應表現的重要能力，以及所設計的評量方式能否真正量測出這些目標的達成。請注意，在圖 1.1 中，學生居於該模式的中間；這不是隨意的安排。書面的、所教的和評量的課程都應該以學生為中心；這代表我們教的是對學生最有益的知識，而非對政治人物、社區或其他成人有利的課程。教學內容的核心應該是學生為達到學習成就應該知道的知識和表現的能力。任何時間我們在班級或學校所做的決定，其背後的根本問題總是：「這對學生會更有益嗎？」不論是直接或間接的影響，如果經費、課程或測驗的決策無益於學生，這些決策就應該重新檢討。

在本書中，筆者將根據逆向設計的模式──先從結果開始思考，來討論單課或單元的教學計畫步驟。如果單課計畫只是對授課內容做決定，這會是簡單的任務；然而，單課教學的計畫涉及到的更多。身為教師，我們有義務教導學生重大的技能、過程和事實，以幫助他們在目前和未來有所成就。我們所教的每一件事都應該有研究做根據，而其教學方式應該增進意義和自我依賴的能力。提供意義能幫助學生把資訊納入長期記憶，而且能建立內在的學習動機。提供學生能夠終身應用的能力和知識結構，就是在幫助學生自我依賴。

例如，藉著教導學生應用非語言式組體（nonlinguistic organizers），就是在提供學生有助於學習任何主題的方法，以及在解決問題方面終身受用的資源。由於這些組體是非語言的，它們對使用英語的學習者和詞彙能力有限的學習者而言，都是極好的工具。又因為具有情境的特性，對於深度依賴情境式學習的學生而言──例如都市的貧困學生，它們也是極好的工具。

在《所有教師都應該知道的事──學習者的個別差異》和《所有教師都應該知道的事──學生動機》（Tileston, 2004a, 2004c）二書中，我詳細討論了正面環境的必要，以及學生養成對班級學習任務的正面態度之重要性。因此，我不打算討論教學計畫的這些特性，即使我希望讀者了解這些特性對計畫和計畫前的分析都很重要。缺乏適當的班級氣氛和準備就緒的教學結構，全世界的任何教學計畫都不會產生影響。

計畫前的分析作業

在進行單課計畫之前，很重要的是先了解你的學生。就像科學家若不了解新產品的優缺點就無法檢驗該產品對環境的效用，教師若不

了解學生的優缺點就無法做單課計畫。

　　詳讀學生的資料（例如，各州及全國的測驗成績、到課率、健康檢查結果、社會經濟地位，以及特定課程的地方測驗成績），然後找出學生的優點和缺點。如果不確定學生編入班級時所具備的先備能力，可以利用前測、能力測驗、討論的問題或問卷來幫助你做出適當的計畫。這些資料的分析應針對趨向和落差。如果資料顯示班級學生在閱讀的表現比數學更好，這就是一種趨向。這種趨向應加以分析以找出原因：這個落差在何處產生？學校採用的教科書及其他教材方面有落差存在嗎？你的同校教師有教數學所需的先備能力及資源嗎？

　　要根據不同的分組來分析資料。全班的分數可能很不錯，但如果任何一組（高風險學生、男生、女生、非洲裔生或拉丁裔生）其進步情形不如全班時，就有質疑的理由。表 1.1 是一份教師可用於檢閱資料的表格，俾利判別學生的先備能力及任何學習上的落差。

　　做完計畫前的分析，就等於對幫助學生真實學習的教學計畫做好準備。當學生真正了解資訊而且能一貫地根據這些資訊來完成學習任務時，真實的學習才會發生。真實的學習並非維持對教材的記憶到被測驗之時，然後很快地遺忘：真實的學習能確保學生理解教材又能將其應用於真實生活中的任務。

 ## 何謂逆向設計？

　　Wiggins 和 McTighe（1998）為教學計畫提出一種逆向設計模式，此模式不是從各課內容開始計畫，而是從教師對教學結果的期望著手。

　　應用逆向設計來做單課計畫有三個基本的步驟：

　　1.列出期望的學習結果。

表 1.1　檢閱先前學習結果證據之表格

目標	所有學生 精熟度%	特殊學生 精熟度%	資優學生 精熟度%	非裔學生 精熟度%	拉丁裔學生 精熟度%
1.1					
1.2					
1.3					
2.1					
2.2					
2.3					
2.4					

　　2. 決定可被接受的學習結果證據。

　　3. 設計學習活動及教學策略。

　　在做單課計畫之前，教師要自問：「我對學生的期望是什麼？」
你想要的教學最後結果是什麼？在教完這一課之後，就事實性知識
（factual knowledge）而言，你要學生知道哪些知識，以及就程序而
言，你要他們能表現哪些能力？換言之，你想要的結果是什麼，如何
知道學生完成你希望他們達到的目標？根據 Wiggins 和 McTighe
（1998）的看法：

　　　　我們教師沒有任意選擇教學主題的自由，反而受到國定、州
　　定、學區的或學校學科學習標準的指引，而這些標準具體指出學
　　生應該知道和表現的能力。這些標準提供了一套架構以幫助我們
　　確認教學和學習的優先事項，也指引我們的設計課程和評量方

式。除了外部的標準之外，在設計學習活動時，我們也會考量學
生的需要。例如，學生的興趣、發展程度，以及先前的學習成就
都會影響教學設計。

　　許多教師會從教科書、最喜愛的故事，或者過去用過的有效教學
內容來著手，而且會從這些教材的立場來做計畫。但更有效也更有可
能獲得期望結果的計畫策略，是從期望的學習結果著手。然後根據這
些期望的結果和證明學生理解所學資訊的必要證據，來產生教學的內
容和方法。當我們應用逆向設計模式來做計畫時，在評量學生學習的
時候就比較不可能發生「惡整」的情形。

2

以學科學習標準為指引

　　學生應該知道、理解，以及表現些什麼？什麼是值得理解的？哪些持久的理解事項是被期望習得的？

——G. Wiggins & J. McTighe,《*Understanding by Design*》

　　有些學校提供給教師的課程指引會具體告知教師哪些知識必須教給學生以符合地方的、州的及全國的課程目標。各州現在都有一套針對教學的學科學習標準；有些州的標準比其他州更具體，但是這些標準都有助於決定哪些知識必須教給學生。

　　在缺乏課程指引的情形下，教師把州定（或國定）的學科目標作為其學科及年級的教學目標，以決定教學內容。所有的班級學習活動都應該連結到學校所採用的州定或國定學科目標，這些目標通常是概括的書面文字而且分段敘述。隨著學生年級增高，各段目標所應習得的資訊會變得更複雜。

　　例如，幼稚園到十二年級（K-12）都教幾何學，但是年級不同教

法就不同，而且會依據兒童的年齡層做學習評量。在幼稚園到二年級階段（K-2），幾何學的教學在介紹不同的形狀，例如正方形、三角形、圓柱體。高中階段的幾何學利用這些在幼稚園到二年級階段所學的形狀，來教導學生如何以更複雜的程度應用幾何學。請注意，這不表示更困難的程度：在幼稚園到二年級階段學習幾何形狀，可能就像高中生學習公式及畫分割圖一樣困難。

各州的學科標準都包含了學習基準。這些基準指出在決定特定年級之目標精熟度方面所需要的具體知識和過程，例如，州定的學科目標也許如下：

目標6.3：幼稚園到三年級（K-3）的學生將理解幾何學如何應用於真實生活中的活動。

雖然這項目標的範圍相當大，但其基準會很淺易，例如：

基準一：學生會從教室或學校建築中分辨出三角形、正方形、圓形、圓柱體和矩形。

因此，班級教學計畫的第一個步驟是確認作為學習活動基礎的州定或國定課程目標。

第二個步驟是確認可決定某個年級精熟度的基準。由於各州高利害測驗（high stakes tests）大約有85%的學科測驗內容來自於這些基準所用的詞彙，把某個基準的詞彙分離出來以判定哪些術語是學生不知道的很重要。例如，就上述的基準而言，學生必須知道三角形、正方形、圓形、圓柱體和矩形。他們必須知道各形狀的定義及關鍵特點，以利在其他情境下能分辨出這些形狀，例如房間中的物體。

做出選擇

有了本州和全國學科標準列舉的這類大目標，班級教師對於教什麼和不教什麼如何做出有根據的選擇？正因為學科目標是以這麼廣義的術語所撰寫，因此有許多的選擇可做。Wiggins 和 McTighe（1998）提供了一套問題來幫助班級教師詮釋大目標，並將其轉換成陳述性或程序性的目標。

- **在多大程度上，學習的價值會超越班級教學？** 另一種說法是：「這和真實生活相關嗎？」我有位朋友教高年級學生數學，她在自己的教室貼了一張提示以對學生保證，如果她無法告訴學生如何在真實生活中應用某項數學知識，她就不會教這項知識。有時學生會挑戰她的承諾，但她一直都很有信心地向學生指出真實生活中的數學應用。

- **理解及應用所學學門的資訊有多麼重要？** 學生在這個學門所學習的資訊應該很有意義，以至於如果排除它，就會妨礙到學生理解這個主題的基礎概念。Wiggins 和 McTighe（1998）認為：

　　應該要考慮到專業者在其所選擇學門裡的工作方式，例如，進行科學的調查研究、為真實對象和不同目的而寫作（為了報導、說服或娛樂）、詮釋事件和第一手的歷史文獻、應用數學來解決真實生活中的問題、研究、評論新書和電影，以及辯論社會和經濟政策的議題。

- **就大多數學生的理解而言，哪些概念很困難？** 學生對這個主題有哪些錯誤概念？全國科學基金會（National Science Foundation）有一捲拍攝於哈佛大學畢業日的有趣錄影帶，在影片中，

即將畢業的大四學生被問到一系列國小科學課通常會涵蓋的科學問題，而大多數被問到的學生竟然令人驚訝地不知道正確答案。例如，有個問題問：「什麼因素造成一年有四季？」大多數學生很不正確地認為是因為地球繞著太陽轉才造成四季。請想想人們對你所教的主題常常形成的錯誤概念，然後確定你會對學生澄清可能有的這些普遍錯誤概念。

• **這個主題有趣到足以吸引學生嗎？**也許更好的策略是：「要怎麼做才能使學生對這個主題有興趣？」這幾年來我針對波士頓茶葉黨（譯註：引爆美國獨立戰爭的重要抗議團體）設計了一套示範的教學計畫。我知道，只是閱讀這段歷史事件無法維持中學生的刺激感，因此我在學生進教室時以書面邀請函請他們參加某個宴會，但邀請函上寫是不是學生的名字而是該歷史事件的主要人物之姓名。學生被分成幾組，每一組都包含所有人物，然後學生各自根據人物特色扮演角色，並且協助同組同學了解自己這一方的問題。學生很喜愛這個練習，而且對學習內容的記憶更勝過之前我要求他們閱讀教科書再回答作業單問題的效果。

班級教師在選擇了州定學科目標及其學習評量基準，並且確定該目標之下要教的主題或資訊之後，教學計畫的細節工作就開始了。

3

學生需要知道什麼？

　　課堂所教的知識大多數都圍繞著陳述性資訊。事實上，陳述性目標往往是指學習「什麼」，因為它們根據的是事實、日期、姓名、事件、公式和術語。教學生公式、如何及何時使用公式，以及要學生真正應用公式來解決數學問題之間，有差異存在。當學生學習公式時，他們專注於達成陳述性目標；而當學生應用公式來解決數學問題時，他們則專注於達成程序性目標。區分這兩類知識很重要，因為其教學的有效方法不相同。在大多數情況下，學生在進行程序性目標的學習之前先學習陳述性資訊也很重要。例如，教師在指定問題給學生解答之前，會向學生介紹公式中的術語並舉例說明如何應用公式。

　　在確認州定學科目標及這些目標在課堂的教學方式之後，下一個主要步驟就是教學計畫，以利決定：如果學生要理解教材中的概念和詞彙，哪些陳述性目標會很重要。例如，就第二章所討論到、與形狀有關的州定目標而言，教師可以決定根據幾何學的基本形狀來教某個單元。而教師要自問的下一個問題則是：「關於基本的形狀，什麼是我要學生知道的？」

　　教師所確認的陳述性目標會在課堂上列出，以利全班學生有依循的途徑：他們知道學習的方向（如：州定目標），也知道現在該如何完成學習（如：透過教師決定的目標）。

 ## 建構有效的陳述性目標

　　陳述性目標是界定學習內容的目標，其性質是事實性的，而且以我們要學生知道的資訊為根據。它們不是過程而是事實——日期、時間、詞彙、步驟和姓名，例如，如果我正依據本書內容撰寫陳述性目標，這些陳述性目標中的幾則可能如下：

　　參與者將知道：

　　1. 教學計畫為什麼很重要。
　　2. 逆向設計的定義。
　　3. 決定教學內容的步驟。
　　4. 陳述性目標的定義。

 ## 用陳述性目標幫助學生達到成功

　　為使學生真實習得陳述性知識，學生必須經歷吸收知識的三個階段：建構意義、組織擬儲存的資訊，以及為未來的應用儲存資訊。圖3.1 是這三個階段的圖解模式。

　　對學生而言，精熟陳述性目標的第一個步驟是從資訊中建構意義。這是我們無法代替學生做的事；他們必須自行建構意義。然而，教師可做一些事情來促進該過程。

　　第二，學生必須以某種方式組織資訊以促進理解，並為大腦提供記憶資訊的線索。對大腦而言，陳述性知識是最難儲存和記憶的資訊類型；在大腦能夠處理及記憶之前，必須先有連結線索存在。這時我

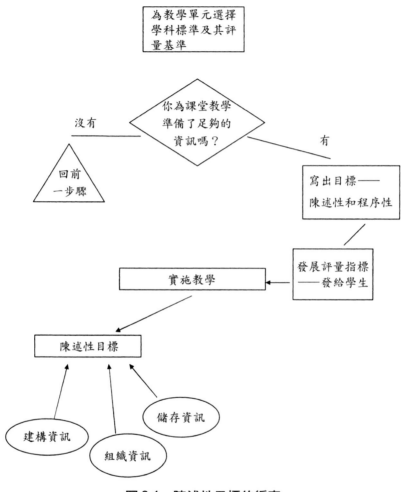

圖 3.1　陳述性目標的編寫

們可以為學生提供必要的鷹架（scaffolding）以幫助形成組織資訊的
方式。

　　第三，學生在儲存資訊方面需要幫助，以利能夠輕鬆有效地提取
資訊。我們所選擇的教學策略對於該步驟能否產生具有決定性的影響。

審視陳述性目標在教學計畫的應用

讓我們先回顧幫助學生達成陳述性學習目標所涉及的三個過程，接著再更深入審視班級教師如何針對學生的有效學習而做教學計畫。

幫助學生建構意義

透過「把新知識連結到舊知識、做預測、證實預測，以及填充大量未陳述過之資訊」（Marzano, 2001）的學習方式，我們可以幫助學生建構意義。例如，如果本書的某些資訊對你而言是新的，你的大腦會搜尋長期記憶找出你對該主題已有的知識，以利新的資訊可以連結到舊的知識。

課堂學習的過程也是一樣。如果你正在說明以社會規範為題的某課，而其內容涉及到移民，你不能假定學生將會知道及理解（甚至很關心），為什麼有人甘冒生命危險藏在輪胎內胎中偷渡到美國，或者理解這些人所面對的風險。學生可能把這種事看成是發生在其他人身上的事情，而且是自己為了星期五的測驗必須要讀的東西。事實上，移民有助於建立民主社會，但是這些資訊對學生可能沒有太大影響。

將這些資訊連結到學生已知知識的可行方法之一是問學生：「這個國家要發生什麼事情，才會使你匆匆帶著隨身家當到另一個陌生的國家？」透過創造一個學生可以在情緒上投入又對其有反對意見的情境故事，你就已經幫助學生扣緊有意義的學習。至此，你可以引導學生探討人們之所以移民的理由。

Marzano（1998）提到：「從學習的觀點而言，我們不可能會高估利用先前知識來詮釋新資訊的重要性。」事實上，位在科羅拉多州歐羅拉（Aurora）的中部區域教育實驗室（Mid-continent Regional Education Laboratory）所贊助的某個後設分析研究指出，各課教學一開始先幫助學生連結新、舊知識的教學策略，對學生的學習有強大的效果。

　　另一個連結新、舊知識的有力方式是，找出學生對某個主題的已知知識、討論這些舊知識，然後將其遷移到新知識上。KWLH（已知、欲知、已學到、如何學到）表格是一種常被用於這方面目的的工具。表 3.1 的舉例即針對 KWLH 在移民主題上的應用。

表 3.1　KWLH 表格

已知	欲知	已學到	如何學到
我們大多數人都是移民的後代。	我們最後會沒有土地可居住嗎？	可與他國比較的移民相關本國法律。	對照表。其資訊取自教科書和網際網路的資料。
人們以非法方式進入這個國家。	我們如何管制非法入境？	邊界巡邏警察所採用的方法。	課堂筆記和移民局官員的客座演講。

　　在該表格中，「K」代表「已知」（Know）。要學生列出對這個主題已知道的五件事。「W」代表「欲知」（Want to know）；要求學生提出三到五件他們對該主題想知道的事。問高年級生：「什麼是你們想知道的事？」會有點風險，因為他們可能會回答：「沒有。」有些教師（視學生的年齡層而定）曾把這一欄的格式變更為「N」代表「你必須知道什麼？」接下來，「L」代表「已學到」（Learned）「H」代表「如何學到」（How I learned）。這個部分會在一節課或一單元結束時完成，它是一種反省學習的工具，旨在幫助學生認真想想，相較於本節課或本單元開始時的無所知，自己現在知道些什麼。這有助於確定所習得的資訊並將其置於長期記憶之中。最後，「H」

代表「我如何學到」。藉由要求學生釐清自己如何學到這些資訊，就是在幫助學生理解他們自己的思考及如何產生學習。

能幫助學生建構意義的其他方式，包括下列。

上課中停頓下來。 在上課時停頓下來，給學生討論、思考、摘要、應用資訊，或者對其提問的機會，尤其是正在使用內隱式（implicit）教學策略（譯註：例如發現教學法、探究教學法）的時候。觀察學生的肢體語言，以了解他們是否已經聆聽得夠久了。目前的大腦研究結果主張：一般來說，針對 15 歲以上的學生，教學每 20 分鐘必須暫停一下；針對 15 歲以下的學生，則以其年齡為準。換言之，如果你目前教的是八歲學童，每八分鐘應該暫停一次。但這只適用於陳述性知識而非程序性知識。在程序性知識的活動方面，學生邊做邊學，而且能夠投入學習任務更久一點。

利用各種感官來學習。 教師要讓學生利用各種感官來增進學習經驗，因為大多數進到大腦的資訊是透過感官而得。我們最常利用的是聽覺式學習，尤其在中學階段，但是所有感官在學習方面都有作用。要學生利用想像力去思考所學，例如，可以要求學生想像，如果活在獨立憲章（Declaration of Independence）起草的時代會怎麼樣，然後透過他們可能會看到的事物來倡導其思考。要引導學生以各種感官來學習。告訴學生，藉由把正在學習或試著學習的內容視覺化，能促進大腦建立連結，反例比如，從來未曾想像過如何罰球投籃的籃球隊員可能無法實際罰進球。

幫助學生組織陳述性知識

教導陳述性知識的第二個步驟是幫助學生組織新資訊。我們以視覺方式呈現的資訊越多，就越能幫助學生建構意義，然後將這些資訊

存入長期記憶。Jensen（1997）指出，在課堂中至少有 87% 的學生是視覺型學習者——這表示他們必須看到學習的內容才會建構意義。視覺式組體——有時被稱為非語言式組體、圖像組體（graphic organizers）或前導組體（advance organizers）——幫助大腦把所學資訊加以組織及模式化。如果我們畫出的任何事物都必須加上描述語，這時所用的某個非語言組體實例就是心智圖（mind map）。要完成心智圖，必須把主概念放在中間的圓圈中，然後把主概念的屬性或次主題放在由主概念拉出的輻條線上。如果再加上次概念的分支概念，這些圖示會變得相當複雜。因此，請從簡單的心智圖開始應用，直到你的學生完全理解此概念之後再增加層級。圖 3.2 的舉例是「形狀」單元的簡單心智圖。

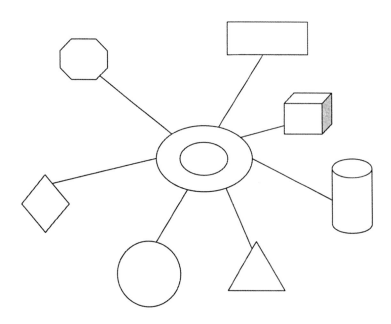

圖 3.2　「形狀」的心智圖

大多數學生的組織能力不高，因此幫助他們編寫筆記、註記和核心資訊，對他們會很有用處，而且對其將來應用這些資訊能提供指引。例如，在學生要開始寫筆記時，給學生一些結構——搭鷹架——以幫助他們有效記錄。我在表 3.2 提供了一個可用於數學筆記的搭鷹架策略。

表 3.2　數學筆記組體

過程名稱	此過程如何表示	術語	定義（舉例）

幫助學生儲存陳述性知識

學習陳述性知識的第三個步驟是儲存資訊。我曾提到，陳述性知識對大腦而言是最難儲存的知識：如果陳述性知識以包括練習的傳統講述方式來教，確實會如此。然而有一些工具可以幫助大腦以更被接受的方式來儲存資訊。

使用符號。你可以使用符號幫助學生把大腦的資訊歸類或模式化。例如，如果正在教的這一課需要記誦大量字彙，把每個教學單元首次出現之字彙的字彙單用顏色編碼。如果學校付不起彩色紙張的費用，就在首張字彙單的上面加上符號，以幫助學生保持字彙單的順序，或者更好的做法是，要求學生自創符號來促進記憶學習內容。

安排學生分組學習時，要根據他們的指定任務提供符號。我喜歡使用剪自卡片紙和層壓紙的框格（frames），每個小組用不同的顏色。

以環境問題為主題的某課為例，可能給從新手父母觀點看問題的那一組藍色的框格，給政治人物觀點的那一組紅色的框格，以及給工廠擁有者觀點的那一組黃色的框格。有時，當學生很難回想起所學的資訊時，我只要說：「請回想，這些資訊來自於紅框組。」然後學生就會想起來。我所做的只是對學習內容提供連結以幫助回想。

在課堂上使用動作。和動作相連結的記憶系統非常強大，因此透過結合記憶系統和陳述性資訊，學生更有可能記住。

對學習內容提供背景脈絡。如果你的教學對象是來自都市的貧困階層，學習內容的脈絡化會很重要。他們出身的文化是透過故事、音樂、唸唱（raps）和視覺刺激來傳遞資訊。如果要教導他們，你必須找出方法來教有背景脈絡的資訊，而這些資訊係以故事形式應用到姓名、地點和情節。由於大多數班級學生採用視覺型學習法的效果較佳，我們對學習內容增加的視覺元素越多，就越可能有更多學生成功地學習。

 # 摘要

陳述性目標通常會先教，因為它們包括學生為達成程序性目標所需要知道的事實、詞彙、日期、時間等等。陳述性目標被儲存在語意記憶系統之中，它是所有記憶系統裡最沒有效率的，這說明了為什麼學生無法全數記得我們曾經教給他們的極佳資訊。對大腦而言，資訊必須有意義；它不僅必須有意義，也應該和學習者有個人的連結。藉由把音樂、動作、符號和顏色加到課堂學習之中，我們就能應用其他的記憶系統來促進陳述性資訊的儲存，進而額外增強記憶的強度。

4

學生需要表現什麼能力？

　　學生一旦熟練陳述性目標，就是教師去了解他們能否應用資訊的時候了。針對學生的應用資訊而做教學計畫時，其學習目標是程序性的。程序性目標應提供學生機會來展示其應用陳述性知識的方法，而陳述性目標則應該在程序性目標之前教給學生，以利他們有資源——心智上和物質上的——來執行學習任務。

編寫程序性目標

　　程序性目標，是根據我們要學生能夠表現的能力（如：透過書寫、口語、動覺或其他方式來展示）而建構的目標。例如，針對以本書為本的課程而言，我的某些程序性目標會包括下列：

參與者將能夠：

- 編寫能真實證明陳述性資訊之應用的程序性目標。
- 以明示的方式教導其學生建立各種不同的心智模式。
- 提供質與量足夠的密集練習和分散練習，以利學生能自動表現學習成果。

就如陳述性資訊的成功學習包括了一系列的過程，學習程序性知識也包括三個並行但不同的步驟（見圖4.1）。

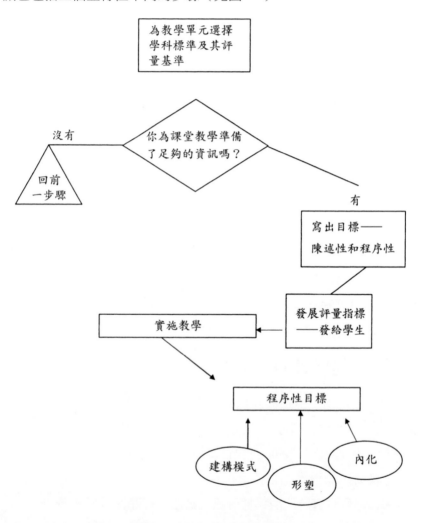

圖 4.1　程序性目標的編寫

首先，學生必須能夠在腦海中建構學習的模式，或者在某些情況下能建構真實的模式。這可以透過想像、圖表模式，或者學生的專題學習來達成。

其次，學生必須有能力形塑（shape）資訊，以利這些資訊為自己所有。我們幫助學生形塑新資訊的一些方式是提供練習所學內容的機會，或者提供如何使過程進行更順利的提示。

第三，學生必須透過分散練習來內化程序性知識。我們要透過提供學生執行過程的適當機會和經常給予回饋，來幫助學生內化及自動表現所學的資訊。

以下讓我們檢視在有效應用程序性目標方面，必須納入的一些重要因素。

 ## 建構心智模式

就如學習某項技能或過程的第一個階段是對涉及的步驟形成大致的模式，學習程序性知識也是學習理解這些過程所含步驟的活動。其學習方式包括：

- 藉由示範你自己如何在新的學習過程中自言自語，來教導學生在過程中放聲說話。例如，某個法語教師在把句子拆解成文法部分的過程中，會放聲說出其思考歷程（think aloud）。
- 提供書面的步驟。例如，教師給學生撰寫五行打油詩的書面步驟，然後在朗讀一首五行打油詩時示範每一個步驟。
- 為學生提供模型或舉例。針對形狀的學習單元，教師把正方形、長方形和圓柱體的模型帶來給學生觸摸和觀察。
- 教導學生使用流程圖或其他視覺模式。例如，針對氣候的單元，教師要求學生分小組學習，以編製某個氣候模式的發生步

驟流程圖。

- 教導學生在腦海中演練某個過程所包括的步驟。例如，體育教師要求學生在真正以籃球嘗試投籃之前，先反覆想像射籃的過程。
- 把新技能連接到學生已經會做的舊技能。

 ## 形塑資訊

Wiggins 和 McTighe（1998）寫道：「對新技能或新過程建構初步的心智模式，只是學習程序性知識的第一個步驟」：

> 一旦真正開始使用該技能或過程，我們通常會改變自己最初的模式。當我們開始發現哪些步驟有效、哪些無效，就會修正方法，加上某些東西並刪去某些。這稱為形塑。例如，在建構長除法運算的初步模式之後，我們會開始發現更方便的某些訣竅。

能幫助學生形塑程序性知識的一些方法如下：

- 對於所教的技能或過程加以示範或提供練習。身為教師，你必須對如何執行新的過程提供一般的規則或捷思法（heuristics），然後在做評量之前提供學生適當的機會練習學習的內容。
- 指出人們在執行該過程時可能的缺失或常犯的錯誤。例如，某位教師向學生展示解讀等高線圖的步驟時告訴學生，我們很容易誤判每一條等高線的緯度，也會對特定類型的等高線有不正確的假定。
- 提供讓學生可在其中練習應用具體技能或過程的不同情境。Wiggins 和 McTighe（1998）舉過一個作文課教師的例子，這位教師「示範如何根據自己設定的讀者群，在修訂文章的過程

中改變原來的決定。接著她要學生針對不同的讀者群修訂一篇
小論文，然後比較結果。」

促進自動性

學習新技能或過程的最後一個步驟是，在做某件事時能達到不必
刻意思考就可以做好的程度。這被稱為「自動性」（automaticity）。
以下是幫助學生習得自動性的某些準則：

- 提供適當的練習機會。幫助學生自我評估所需要的練習量，以
  及應表現的速度和正確度。
- 要學生以表格持續記錄進步情形，並且自我評量學習表現。
- 提供應用後設認知或反省的機會。
- 提供學生可用來自我評量學習表現的評量指標。評量指標會針
  對各種程度的表現列出描述語，表 4.1 的舉例是一套評量指標，
  這些指標可被用來判別程序性目標是否被適當的編寫及執行於
  課堂上。

表 4.1　編寫程序性目標的評量指標

專家程度	熟練程度	新手程度	初學程度
程序性目標清楚地陳述教師要學生表現的陳述性知識。這些目標採用了各種不同的學習技巧，包括口語、視覺和動覺的方式。	程序性目標清楚地陳述教師要學生表現的陳述性知識。這些目標至少採用三種常見學習方式之中的兩種。	程序性目標清楚地陳述教師要學生表現的陳述性知識。這些目標至少採用了視覺的學習方式。	程序性目標清楚地陳述教師要學生表現的陳述性知識，但這些目標的範圍頗有限。

（續）

專家程度	熟練程度	新手程度	初學程度
學生在被評量之前有適當的時間練習。有證據證明練習方式分為密集練習和分散練習。	學生在被評量之前有適當的時間練習。有證據證明練習方式分為密集練習和分散練習。	學生在被評量之前有適當的時間練習。有證據證明練習方式分為密集練習和分散練習。	學生在被評量之前有適當的時間練習。有證據證明練習方式為密集練習或分散練習，但非兼具。
所有學生都表現出自動性。需要額外練習的學生也有機會練習。	大多數學生都表現出自動性。需要額外練習的學生也有機會練習。	只有學得較快的學生表現出自動性。需要額外練習的學生也有機會練習。	許多學生無法展現自動性。需要額外練習的學生也沒有機會練習。
針對如何發展心智模式，學生得到具體明示的教導。教師亦示範在學習新資訊時如何應用正向的自我對話。	針對如何發展心智模式，學生得到具體明示的教導。教師亦示範在學習新資訊時如何應用正向的自我對話。	針對如何發展心智模式，學生得到具體明示的教導。教師亦示範在學習新資訊時如何應用正向的自我對話。	針對如何發展心智模式，學生受到的指導很少或未被指導。教師也很少示範正向的自我對話。
有證據證明，教師教導學生如何應用想像力來想像自己做某個活動及有效完成活動的必要步驟。	有證據證明，教師教導學生如何應用想像力來想像自己做某個活動及有效完成活動的必要步驟。	教師只針對某些學習任務的有限能力方面，教學生應用想像力。	課堂教學未應用過想像力的技巧。

（續）

專家程度	熟練程度	新手程度	初學程度
程序性目標、評分的評量指標和提供給學生的資訊之間有具體直接的連結。	程序性目標、評分的評量指標和提供給學生的資訊之間的連結顯示教師做過考量，而且只有微小的落差。	程序性目標、評分的評量指標和提供給學生的資訊之間的連結顯示它們有具體的落差。	程序性目標、評分的評量指標和提供給學生的資訊之間的連結有極大局限或根本無連結。

 ## 摘要

　　這一章檢視程序性目標的性質及其應該如何編寫。我同時也說明以下過程：教師如何確保程序性目標被適當地教給學生，以及確保學生的學習結果是能夠自動表現達到這些目標。

　　筆者藉由針對本章提出程序性目標、說明所含資訊，然後設計一套明確顯示目標、資訊和評量指標如何連結的評量指標來示範這個過程。雖然我只針對程序性目標提供資訊，但是所有課程都應該以這種形式一併包括陳述性和程序性目標。

5

哪些是學習結果的證據？

　　如果我們要想學生的學習有品質，而且產出反映該品質的學習成果，那麼學生必須知道我們的期望和他們被評量的方式。我以前曾經在要求學生的學習結果要有品質時，卻發現我對「品質」的界定和學生的定義未必相同，此後，我就不再任其有所差異。

　　在開始設計教學活動之前，我們必須應用視覺的表達方式精確告訴學生我們的期望，以及如何根據這些期望來評量其學習結果。許多教師使用評量矩陣（matrix）或評量指標來做這類視覺的提示（見Tileston, 2004b，關於不同的評量工具和有關建構評量指標的資訊）。請回顧第四章的表 4.1：那是一套以四項標準和四種表現程度為本的評量指標。評量指標可根據較少的或更多的標準和表現程度來編製。表 5.1 的舉例是針對國小數學作業的簡單評量指標。

　　如果你不清楚如何為班級學生設計評量指標，www.therubricator.com 這個網站提供機會讓你練習建構從簡單到更複雜的評量指標。

表 5.1　實作表現標準的評量指標

程度	應達到的標準
4.數學家	能以在情境中應用概念及說明概念的能力，證明對數學概念的理解。
3.熟練者	能以應用概念的能力來證明理解數學的基本概念，雖然可能遺漏某些細節。
2.新手	對概念有基本的理解，但無法以書面或口語方式來有效表達。
1.初學者	作業或者無法完成，或者雖然完成但顯示學生不是未理解概念就是無法以視覺或口頭方式來說明概念。

 # 如何知道學生的理解程度？

「我們如何知道學生已達到預期的學習結果和學科學習標準？可被我們接受作為學生理解並精熟所學的證據是什麼？」Wiggins 和 McTighe（1998）問道。他們的答案是，逆向設計法「促使我們在思考單元或科目的設計時所採取的角度是，為記錄及核實期望的學習已達成而需要的整體評量證據，因此課程不僅僅是應涵蓋的內容或一系列的學習活動。」

當你在教某課或某單元時，用來評量學生學習的基準是什麼？如果省略基準應用的步驟，教師可能在教完某單元的內容之後發現，學生對各節課的學習只有極少的理解。這時候要回頭重新教一遍會更加困難。學習的評量應該持續進行，而且應該包括許多評量方法。程序性知識的評量不同於陳述性知識；再者，評量應該符合在開始某單元或某課的教學時發給學生的評量指標。

下列是用來決定學生理解程度之可接受證據的一些方法。

非正式查核學生的理解程度

手勢。要求學生做出表示理解程度的手勢。例如，如果他們理解又能夠說明，就要他們把大拇指朝上；如果尚未理解就把大拇指朝下；而如果不完全確定自己理解，就揮揮手。此技巧的變化之一是，要求學生依據 1 到 3 分的概念理解度量表來表示，例如，「1」代表毫未理解，「3」則代表完全理解。

問題箱。把教室某處提供給學生問問題用，例如設置問題箱讓學生放入寫下的問題。

離開教室許可票。筆者喜歡的技巧之一是「離開教室許可票」。我先給學生一個提示，例如：「寫出一件你今天學會的事和一件你今天還沒理解的事。在下課鈴響時這就是你離開教室的許可票。」有時我會變個方式說：「告訴我，你今天學到的一種應用數學的方法。」對幼童或任何字彙有限的學生而言，也可以應用有臉部表情的圖畫。圖 5.1 的舉例為，學生如何應用表情來表達他們對學習的感受。

發問。發問是發現學生是否理解新資訊的另一種非正式方法。問對問題所涉及的不只是以正確形式提出問題，也涉及到發問的方式讓學生不覺得被威脅。學生必須相信，冒險回答不會有麻煩。請試著在

圖 5.1　使用圖片來評量學習

課堂上創造一種氣氛，讓學生知道：犯錯沒有關係，但是毫不嘗試就不行。這也意謂著你必須創造一種氣氛顯示：「我們不嘲笑別人的錯誤，在這個班級絕不會有人說貶損的話。」

新手教師面對的困難之一是如何發問，俾使學生不會只依賴簡單的「是」或「否」答案。下列取自 Wiggins 和 McTighe（1998）書中的問句句型是很好的範例：

……如何類似於（不同於）……？

……的特點或組成是什麼？

有哪些其他方法我們可以指出或說明……？

什麼是……方面的大概念（關鍵概念或道德教訓）？

……和……有什麼相關？

對於……你還可以再增加哪些想法或細節？

舉出一個……的例子。

……有什麼不對勁之處？

從……你可以推論出什麼？

從……你可以做出什麼結論？

我們嘗試回答的問題是什麼？我們想要解決的問題是什麼？

對於……你的假設是什麼？

如果……會發生什麼事？

你會使用什麼標準來評斷或評鑑……？

哪些證據支持……？

我們如何證明（或證實）……？

從……的觀點來看這會怎麼樣？

哪些替代方案應該被考慮？

教師也要利用「複雜和簡略的問題」（Fat and Skinny Questions）

之類的工具來幫助學生問出好的問題。簡略的問題可用簡單答案回答
之，例如「是」或「否」；複雜的問題則需要更多的思考，可能不只
一個答案，而且要求比一兩個字詞更多的回答內容（見表 5.2）。這
是使有效的發問策略順利進行的極佳工具。

要求學生摘要所學

　　我們用於學生的最佳策略之一是，提供他們處理新資訊的機會。
有許多極佳的工具可以讓教師指導學生做摘要。筆者喜歡用的工具之
一是PMI自陳表（Positive-Minus-Interesting；見表 5.3）。PMI要求學
生寫下某些正面的事──寫下對這一課喜歡的事物或學到哪些上課之
前不知道的事物。然後，要求學生列出某件負面的事物──他們迄未
理解的、對這一課感到困惑的或不同意的事物。最後，要學生加上在
學習過程中產生的有趣觀察或想法。

表 5.2　學習把複雜和簡略的問題列成通式

簡略的問題	複雜的問題
誰？	如何？
什麼？	為什麼？
何時？	你認為？
何處？	說明

表 5.3　PMI 自陳表

正面的 （你學到什麼？）	負面的 （哪些問題尚無答案？）	有趣的 （增加哪些學習收穫？）

學習札記

　　學習札記是幫助學生摘要資訊和寫出學習體悟的極佳工具。在學習札記中，學生通常會根據教師給的問題來寫出他們自己的想法。例如，針對「移民」學習單元，一開始可問學生的問題是，什麼樣的事情會導致他們離開祖國到另一個國家去，或者，在醫療或政治現況方面必須發生什麼事才會令他們離開祖國。

　　我也喜歡在教完一課時應用這項工具。針對「形狀」單元，我會要求學生告訴我，他們學到哪些在上課前不知道的、有關形狀的知識，或者我會問「如果……會怎樣」的問題，例如：「如果世界上的每個物體都是圓的，會怎麼樣？」我也喜歡互動式的札記，在這類札記中，我會在左半頁提供取自教科書或其他教材的資訊，然後學生在右半頁寫下他們的意見。有時，我會給學生問題，例如：「你從這段文章能推論出什麼？」或者「你會怎麼做？」表 5.4 的舉例是一則我用來示範這項技術的學習札記。

　　教師可判別學生是否理解資訊的其他方法係透過觀察，或者和學生對話。當然，紙筆測驗也是一種判別學生是否理解的方法。

表 5.4　學習札記

<table>
<tr><td style="text-align:center">論嫉妒的小論文</td><td style="text-align:right">札記欄</td></tr>
</table>

「嫉妒」不是新的主題。有史以來，嫉妒曾導致家庭不和、社會失序、戰爭、暴力攻擊，以及人際關係分裂。造成人類第一對兄弟 Cain 與 Abel 分家的原因難道不是嫉妒？導致許多人際關係失和的成因難道不是嫉妒？嫉妒使我們發明「green-eyed monster」（嫉妒）和「green with envy」（十分嫉妒）之類的片語，甚至有嫉妒之歌的專屬網站。幾個世紀以來，嫉妒背後的基本動機一向是爭議的主題。但，什麼是嫉妒？

它是恐懼嗎？ 有些辭典會把嫉妒的動機定義成恐懼。我們恐懼其他人會很優秀而我們不會；我們恐懼自己的伴侶會找到更吸引人的第三者然後拋棄我們；我們恐懼自己永遠不會成功、富有、美麗，或者達不到對我們而言很重要的其他成功標準。

它是覬覦嗎？ 覬覦經常被當作嫉妒的同義詞使用。我們覬覦其他人擁有或成就的事物；我們覬覦自己所沒有的事物；我們覬覦鄰居的好運，也恐懼自己的價值因為他們的好運而降低。當鄰居、朋友、手足或重要他人告知我們其重大成就或收穫時，我們有什麼可談的事呢？

它是以上兩者嗎？ 理解嫉妒的最佳方式之一是自問，什麼因素觸發我們的嫉妒。我們恐懼自己將無法達到其他人的表現水準嗎？我實在不喜歡其他人，是因為他們擁有我所沒有的？我的恐懼合理嗎？因為他們的好運會導致我的損失、我的地位降低或失去工作嗎？其他人的收穫的確會是我的損失嗎？或者我並不嫉妒鄰居的好運；我只是希望相同的好運會發生在我身上？

如何知道學生能夠應用資訊？

　　教師能確保學生會應用所學資訊的最佳方法之一是，提供機會讓學生證明該能力。實作任務（performance tasks）和專題對於評量程序性目標提供了極佳的途徑。實作任務和專題的一些特徵如下：

- 它們應該模仿真實生活中的專題方案。例如，研究氣候型態的學生可以從發生時間、持續時間、規模、總受損量，以及喪生人數等角度，來描述全世界的重大地震。然後學生可以在這些資料中尋找趨勢。這是真實生活的專題方案，因為有科學家也在做相同的工作。
- 實作任務通常會要求學生對特定的對象做說明。
- 它們讓學生有更棒的機會把學習任務個人化，因為學習過程包括由學生來做決定。
- 通常透過由教師提供的評量指標或評量矩陣，已預先告知學生學習任務、評量規準和學科學習標準，所以不會有任何意外的評量。

6

如何設計富有意義的學習經驗？

　　在撰寫完陳述性和程序性目標、編妥評量指標，以及設定對學生的學習期望之後，「連結的課程」三角形的下一個點必須加進來。這部分的連結過程，處理的是設計使學生達到目標的學習經驗。缺乏學習活動的適當設計，達成目標的可能性會很低。

　　我們活在腦神經科學有極大進展的時代，這些進展已幫助我們認識某些很適合或不太適合學生應用的工具。在為學生的學習，以及為使學生成為自我導向（self-directed）學習者而設計學習活動時，注意到大腦研究的三方面成果很重要，因為這些成果指出高品質學習的要素。

幫助學生學習陳述性知識的教學策略

　　在第三章，陳述性知識的習得被劃分成三個重要步驟，這些步驟──建構意義、組織資訊和儲存資訊──必須在學生能有效學習資訊之前就發生。

建立新、舊學習之間的連結

第一個步驟是，學生能從陳述性知識建構意義。在這方面，教師能幫助學生的最有效方法之一是協助學生把已知的知識連結到新資訊。

在進入新單元的學習之前，如果學生的注意力放在「意義的預期」（anticipation of meaning）上，學生會更專注也會學得更好。這和新聞媒體經常使用的技術雷同：在新聞報導之前，播報員會出現在電視螢光幕上並說出「某某事件有重大突破，請鎖定」之類的話。應用各種吸引學生注意學習的策略是其中一種方法。大腦喜好模式，也會尋找新資訊和先前經驗及知識的連結。向學生介紹新教材時，學生的大腦在搜尋能和新資訊連結的舊知識或舊經驗的過程中，會有幾瞬間的慌張。

情緒和相關性是引起學生注意和動機的關鍵因素，要利用這兩者來幫助學生連結新的學習。筆者將其稱為「個人的連結」，因為我們實際上會形成屬於個人的學習理由。這種個人的連結為：

- 已知到未知的過程。
- 對學習過程賦予意義的事項。
- 舊知識和新知識之間的連接。
- 學科之間的銜接。
- 學生拉向該課內容的吸引物。

我在這整本書中都曾舉例說明教師能幫助學生把舊知識連結到新知識的方法，第四章所討論、用於「移民」單元的 KWLH 工具和學習札記就是所舉例的工具。其他用來幫助學生連結新、舊知識的方法如下。

我們應該（We'd Rather）。如果學生可能缺乏用來對照新學習的

先前經驗，這個工具可用來建立學生的同理心。例如，在小學生學習「氣候」這課之前，我們可以閱讀 John Bianchi 的《暴風雨晚上的玻克威學校》（*Snowed In at Pokeweed Public School*）和《玻克威公立學校放春假》（*Spring Break at Pokeweed Public School*）等兩篇文章來對照氣候狀況。我不會預先假定學生知道某個地方下雪是什麼樣子，我會利用「我們應該」這項工具引導學生設身處地設想隔夜學校就下雪的心情。針對這項活動，我會給學生不同活動的照片讓他們融入到故事之中，有些例子是來自書中的真實活動，有些則否。我要學生選擇，如果學校昨夜下雪的話他們會做的三件事，例如玩遊戲、畫圖和在雪中玩耍。

在中學階段，當我在教 O'Henry 的短篇故事「二十年後」（*After Twenty Years*）時也用到這項技術。在這個短篇故事中，兩個高三學生相約在 20 年後的同一地點見面。20 年過去之後，這兩個年輕男子又見面了：其中一個是警官，另一個則是逃犯。同樣地，我藉由以下問題來建立學生對故事角色的同理心：為了自己的工作，你想要怎麼做。我給學生幾個選擇，包括「不計代價盡到自己職責」。我很成功地從一開始就吸引學生注意上課，因為他們想要知道故事中的角色決定怎麼做。我也曾要學生自己想出一個本不存在的人來學習這個單元。

找到這樣的人……。對於剛開始新單元的學習，這是極佳的工具。當我以《雪花人班特利》（*Snowflake Bentley*）做教學示範的單元時，我用過這個工具。這個真實故事是講有個男人第一次拍到雪花的照片，然後認定每片雪花都是不同的。表 6.1 是在小學教《雪花人班特利》的應用策略舉例。

表 6.1　找到這樣的人……

說明：就下列各個問題，找出不同的人來回答。請要求每個回答者在其回答的題目旁簽名。

找到這樣的人……

1.有一雙雪鞋。

2.能唱〈雪人弗洛斯提〉（*Frosty the Snowman*）這首歌。

3.會溜冰。

4.知道冰點的溫度。

5.曾住過經常下雪的某個州。

6.會使用相機。

7.曾遇過大風雪。

8.曾見過雪花的照片。

組織／計畫的工具

　　學生學習陳述性知識的第二個步驟是組織資訊。無論何時把資訊加以分類、編成組體（organizers）或資訊串組（chunks），教師都是在幫助學生以更有效率、更快速的方式學習。學生在接受教導之前並非天生就會組織資訊，因此組織／計畫的能力應該是教學的內容之一。以下是幾個幫助學生組織資訊的工具舉例。

　　章節架構。章節架構可用於幫助學生組織某一課的主要概念及回想陳述性知識。這項工具是語言式組體的實例之一，因為組體賦予學習內容背景脈絡，能幫助學生更有效率地把資訊儲存到長期記憶。如果具有背景脈絡或連結點，陳述性資訊更容易儲存。表 6.2 的舉例是故事架構。

表 6.2　章節架構

第＿＿＿＿章的故事發生於＿＿＿＿＿＿＿＿＿＿＿＿＿＿＿＿

＿＿＿＿＿＿＿＿＿＿＿＿＿＿＿＿＿＿＿＿＿＿＿＿＿＿＿＿

＿＿＿＿＿＿＿＿＿＿＿＿＿＿＿＿＿＿＿＿＿＿＿＿＿＿＿。

＿＿＿＿＿＿＿＿＿＿＿＿＿＿＿＿＿＿是個重要的角色，而且可描述為

＿＿＿＿＿＿＿＿＿＿＿＿＿＿＿＿＿＿＿＿＿＿＿＿＿＿＿＿

＿＿＿＿＿＿＿＿＿＿＿＿＿＿＿＿＿＿＿＿＿＿＿＿＿＿＿＿

＿＿＿＿＿＿＿＿＿＿＿＿＿＿＿＿＿＿＿＿＿＿＿＿＿＿＿。

另一個角色是＿＿＿＿＿＿＿＿，而且可描述為＿＿＿＿＿＿＿＿

＿＿＿＿＿＿＿＿＿＿＿＿＿＿＿＿＿＿＿＿＿＿＿＿＿＿＿＿

＿＿＿＿＿＿＿＿＿＿＿＿＿＿＿＿＿＿＿＿＿＿＿＿＿＿＿＿

＿＿＿＿＿＿＿＿＿＿＿＿＿＿＿＿＿＿＿＿＿＿＿＿＿＿＿。

在本章中，故事始於＿＿＿＿＿＿＿＿＿＿＿＿＿＿＿＿＿＿

＿＿＿＿＿＿＿＿＿＿＿＿＿＿＿＿＿＿＿＿＿＿＿＿＿＿＿＿

＿＿＿＿＿＿＿＿＿＿＿＿＿＿＿＿＿＿＿＿＿＿＿＿＿＿＿。

之後，＿＿＿＿＿＿＿＿＿＿＿＿＿＿＿＿＿＿＿＿＿＿＿，而且

＿＿＿＿＿＿＿＿＿＿＿＿＿＿＿＿＿＿＿＿＿＿＿＿＿＿＿＿

＿＿＿＿＿＿＿＿＿＿＿＿＿＿＿＿＿＿＿＿＿＿＿＿＿＿＿。

本章結束於＿＿＿＿＿＿＿＿＿＿＿＿＿＿＿＿＿＿＿＿＿＿

＿＿＿＿＿＿＿＿＿＿＿＿＿＿＿＿＿＿＿＿＿＿＿＿＿＿＿＿

＿＿＿＿＿＿＿＿＿＿＿＿＿＿＿＿＿＿＿＿＿＿＿＿＿＿＿。

故事地圖。故事地圖類似於章節架構，除了學生必須把來自單一故事或書本的資訊放入架構之中（見表 6.3）。

表 6.3　故事地圖

背景： 角色：

問題：

目標：

事件一

事件二

事件三

事件四

事件五

事件六

非語言組體。對於幫助學生整理學習內容的結構，非語言組體是極佳的工具。由於在任何課堂中有超過87%的學生是視覺型學習者，應用這些組體有助於確保這些學生真正理解所學資訊。這些組體根據其目的而有不同模式，Marzano（1992）找出的一些模式包括：

- 陳述性模式。這類模式被用於組織有關特定人物、地點、事物和事件的事實或特徵，而這些事實或特徵必須沒有特別的順序。心智圖即是這類模式之一。

- 順序模式。此類模式用於以具體的年代順序來組織事件。時間線是這類模式的例子之一。

- 過程／原因模式。這類模式用於把資訊組織成導向特定結果的因果網絡圖，或者導向特定產出物的順序步驟。當我們知道最後結果但想要分析其如何發生時，就可以應用此模式。例如，導致波士頓茶葉黨起事的事件當然包括英國財政問題、對沒有國會代表的殖民地人民徵稅所導致的爭議，以及印花稅法（Stamp Act）之類的事件。非語言式的呈現可以採用某種模式，例如圖 6.1 所示。

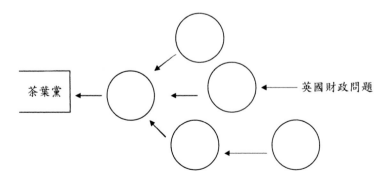

圖 6.1　過程（原因）模式

● 分支模式。此種模式顯示系統的各部分、等級和次等級，以及階層之關係（Parks & Black, 1992）。對「言說（speech）之組成」的學習單元而言，其分支圖解可能看起來像圖 6.2 的圖解。

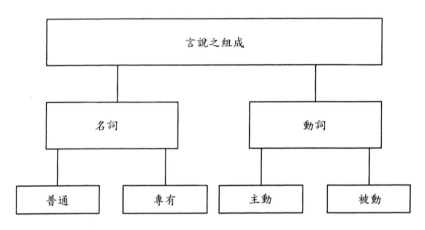

圖 6.2　分支圖解

儲存陳述性知識

　　長期記憶中的資訊被儲存在記憶路徑之方式，與所儲存資訊的類型及其習得方式有相關。有些路徑比其他路徑更有效率。但不幸的是，大多數陳述性資訊被儲存的記憶路徑──語意記憶（semantic memory）──是各種記憶路徑之中最沒有效率的。這種情形可以一部分說明，為什麼學生在記憶我們所教的所有極佳資訊方面會有這麼多的困難。

　　語意記憶系統為了儲存及提取陳述性資訊，必須有連結點存在。如 Sprenger（2002）所言：

　　　　如果要把事實類的重要的資訊保存在長期記憶區，就必須透

過海馬迴（hippocampus）將其分類。但實際上的困難在於，資訊必須先通過工作記憶區。這是指把資訊停留在前額葉（prefrontal cortex）的過程，在這裡，資訊經過複誦、精緻化和應用，直到被存入長期記憶為止。

　　教師可以透過賦予資訊背景脈絡來幫助學生儲存陳述性知識，也可以透過提供架構來幫助學生回想這些資訊。例如，根據主題將字彙單以顏色編碼，能幫助學生把資訊排序成大腦可接受的某種模式。在討論不同觀點的資訊時，若利用例如框格之類的符號（表示參考的架構），有助於把待儲存的資訊加以排序。在學習過程加入動作的應用，也有助於大腦以更容易回想的方式來儲存資訊。

　　來自於大腦研究、能有效幫助學生儲存資訊的方法之一，就是給予學生反省學習的時間。反省學習能幫助學生理解，以及把資訊存入長期記憶，因此學生需要反省自己所學內容及方法的機會。學生寫的日誌是學習札記的一種，常被用於課堂教學。在幫助學生寫札記方面，以下問題可被用來當作提示語：

- 「我今天真正理解到的是……」
- 「對於……我已改變想法。」
- 「對我而言，新的洞見或發現是……」
- 「我將會記得的一件事是……」
- 「對於……我真的很困惑……」
- 「這就是我的一些疑問……」
- 「我更想要知道的某件事是……」
- 「我現在發現最難的事物是……」
- 「我犯了什麼錯誤？為什麼？」

- 「我最喜歡的事物是……」
- 「我對（數學、科學等等）有什麼樣的感覺？」

若利用學習日誌的撰寫來幫助學生探究習得的新、舊資訊之間之關係，這類問題可包括如下：

- 「我今天學到的知識如何連結到已知的知識？」
- 「這個過程和之前學過的過程有何相似之處？」

在應用學習日誌幫助學生分析數學問題時，可應用的問句如下：

- 「對我而言哪一個問題最困難？為什麼？」
- 「我如何嘗試解決問題？」
- 「我最喜歡哪一個問題？為什麼？」
- 「我用哪些步驟來解決問題？」

幫助學生學習程序性知識的教學策略

第四章討論了學習程序性知識必須經歷的三個階段：建構模式、形塑資訊和內化程序。關於如何幫助學生有效學習程序性目標，讓我們先回顧這些階段。

建構模式

Marzano（1992）指出，在為學生建構模式之前，我們必須先理解三種建構模式的策略，那就是演算法（algorithms）、對策（tactics）和策略。

演算法涉及到每次一執行就能得出具體結果的特定步驟（Anderson, 1990）。Marzano（1992）以乘法為例說明：如果學生遵行乘法的逐步過程，每次運算相同題目時都應該得到相同的結果。如果學生未獲得正確答案，就是因為沒有遵照解題應有的演算步驟。

　　根據 Snowman 和 McCown（1984）的定義，對策能幫助學生完成其目標，但不必然每一次都產生相同的結果。這是因為對策涉及到一般的規則而非一步步的過程。Marzano（1992）以解讀長條圖的例子來說明。長條圖的解讀牽涉到一般規則，但這些規則不會每一次都產生相同的結果。成功的可能性存在，但並不保證成功率和使用演算法一樣。

　　在性質上，策略比演算法和對策更概括，因為它們對任何任務而言都不是特定的。策略提供處理某個任務的方法，但是每個人使用的方式不同。在幫助學生成功學習程序性知識方面，所有這三個模式都很重要。Marzano（1992）曾提出兩種幫助學生建構知識的有效方法。

　　1. 利用自我對話來完成整個過程。學生需要觀察教師如何利用正面的自我對話來完成整個過程，以利他們在自己處理問題和過程時能使用相同的方法。例如，教師在黑板上寫下包括學生不熟悉之字詞在內的句子，然後說明如何決定唸這些字詞的過程。自我對話是很值得教給學生的工具，因為在幫助學生處理有待決問題的程序時，它會非常有用。不知道如何監控過程及針對問題而調整的學生，更有可能束手放棄學習。教導學生如何利用自我對話來處理問題，有助於控制想放棄的衝動。

　　2. 使用流程圖來建立學習內容的結構。我的學生認為，描述某個過程是最難的寫作方式之一。例如，如果我給學生的寫作主題是「請說明你如何告訴某人刷牙的必要步驟」，許多學生會遇到麻煩。然而，如果我教導學生先使用流程圖來組織他們的想法，寫作會變成更輕鬆的任務。在學生把資訊寫成文字形式之前，流程圖是了解資訊的方法。流程圖中的資訊可能涉及到如何解決數學問題、導致某個歷史事件的階段、某個科學實驗的程序，或者描寫某個主題所包含的步

驟。例如在本書第一章,我就對教學計畫的步驟提供了一套流程圖。

當然,具體教導學生用於程序性知識的對策、演算法和策略,不僅對課堂的學習很重要,也對學生的人生很重要。

形塑程序性知識

就是在形塑資訊的關鍵階段,學生應用透過對策、演算法和策略所習得的過程來建構自己的知識。亦即,他們藉由應用所學而學習。而這也是教學的引導練習(guided practice)階段,這時不論學生選擇展示其知識的策略是否有用,學生的學習都來自親身的體驗,而如果策略無效,學生也是在學習該怎麼做以求取成功。形塑資訊的過程應該有適量的時間和回饋,以利學生知道自己了解知識。

內化程序性知識(自動性)

當學生練習某個過程到足以一貫正確地表現某個任務時,就是獲得自動性。練習方式可能會是密集的——亦即在一段集中的時間內反覆練習,也可能以螺旋方式長期練習。Richard Bandler(1988)曾指出,學習者為了相信自己所知,有三個標準必須達成。

首先,學習者必須讓資訊以其最能接受的形式被強化,無論是視覺的、聽覺的或動覺的形式。根據Jensen(1997)的研究,視覺型學習者在相信教材之前,可能必須看到視覺的教材呈現;聽覺型學習者在相信自己習得所學資訊之前,可能必須討論過這些資訊;而動覺型學習者在相信自己學會之前,則必須觀察及觸摸模型。

第二,資訊必須以正確的次數被增強。增強的次數多寡則隨著學習者和資訊而不同。

第三,資訊的增強必須持續足量的時間。同樣地,視學習者和所

學資訊而定，增強時間的長短可以從幾分鐘到幾小時不等。

 # 什麼是理解？

Wiggins 和 McTighe（1998）曾提出可用於判別學生是否真正理解所學的六個面向。他們指出，理解學習內容的學生能夠：

1. **說明**——這包括能以自己的話陳述資訊，以及能把概念教給另一個人之類的能力。能說明的學生，也能了解大概念，而且能理解及避免有關所學內容的常見錯誤觀念。

2. **詮釋**——這包括有能力理解上下文，以及理解資訊的目的和意義。

3. **應用**——學生能以對自己或別人有意義的方式來使用資訊。

4. **以不同觀點了解**——這表示學生知道資訊的重要性、背景和限制。

5. **表現同理心**——有這項特質的學生能把自己投射到討論的情境之中。例如，就「移民」這一課而言，當學生在討論導致他們離開國家的理由有哪些，而且把這些原因連結到人們移民的實際常見理由時，就是在表現同理心。

6. **展現自我認識**——這表示學生能夠自我評量和有效利用後設認知。例如，某個擁有自我認識的學生會正確利用在本書中所討論到的 PMI 或 KWLH 工具。

7

實施教學計畫

　　本書第一章的開頭即說明，在做教學計畫時，教師要從構思學習結果來開始。在閱讀接下來幾章之後，我們已經了解做教學計畫的順序和方法，以及教學方法對於學生是教師導向或自我導向的學習方式有直接的影響。我們知道，教師若只是站在全班面前灌輸他們應付週五測驗應記得的資訊，無論現在或未來，這些教師對學生學習的影響都很小。人人都必須使資訊有意義才能令其產生長期的影響；而產生意義是學生必須自己為自己做的事情。

　　本章，我將仔細說明根據這個計畫模式所撰寫的某個教學計畫。

小學課程的「做計畫」單元（二年級單元）

　　就「設定目標和做計畫」為題的小學某課而言，州定學科標準可能類似下列：

標準：設定及管理目標

基準：

• 幼稚園到小學三年級生能找出完成目標所需要的資源。

- 幼稚園到小學三年級生能展現個人的努力方向和目的。
- 幼稚園到小學三年級生能持續知道自己很接近目標。
- 幼稚園到小學三年級生能做出變通的計畫。

利用州定學科標準及基準作為指引，身為教師的我就可以形成班級教學內容的目標，而這些目標顯示我們對學生學習的期望。陳述性目標指出學生在習畢某課或幾課之後會知道的事實資訊；程序性目標則指出學生將如何應用這些事實知識。就小學二年級的「做計畫」教學單元而言，我所撰寫的目標可能如下：

陳述性目標：學生將知道

- 與做計畫相關的詞彙。
- 做計畫的步驟。
- 在真實世界中如何做計畫。
- 為什麼做計畫很重要。

程序性目標：學生將能夠

- 認出及使用有關於做計畫的詞彙。
- 針對特定任務形成及實施某個計畫。
- 針對執行的問題做出計畫。
- 評鑑個人的計畫。

教學計畫的下一個步驟是針對如何評量學生的學習設計評量指標（見表 7.1）。為設計指標，我將在回顧陳述性目標和程序性目標之後自問：「如何確知學生知道所學的資訊，又如何知道他們會以有意義的方式應用資訊？」這些評量指標應該和教學目標直接連結，在建構這些指標時，我必須自問，哪些將是評量的關鍵部分。就本單元而言，我選擇以下四個部分來評量：

- 知道與本單元有關的術語。

表 7.1　評量學生學習的評量指標

高階計畫者	新手計畫者	初學計畫者
知道與計畫有關的術語，並能正確預測可能的問題。	知道與計畫有關的術語，對於可能的問題能做有限的預測。	對術語的了解很粗淺，也無法正確預測問題。
針對特定任務的計畫及執行能表現進階的能力。	針對特定任務能表現形成計畫及執行的能力。	若無教師協助，形成計畫的能力很有限。
熱忱參與所有活動，並能以深入討論來學習內容。	以某種振奮的心情參與所有活動，並能以有限的基礎來討論學習。	能參與所有活動，並以有限的基礎來參與討論。

- 能有效應用指定操作程序所含的資訊。
- 能說明所知及自我評量所學。
- 能徹底完成計畫。

接下來，在決定如何於課堂上呈現資訊時，我注意的是必須完成的陳述性和程序性目標，以利不僅使資訊有意義，也確保學生能把資訊存到長期記憶裡。

讓我們先檢視陳述性知識。陳述性知識呈現學生在該單元結束後將知道及理解的事實知識。哪些教學策略有助於確保學生真正習得及理解陳述性知識？有三種心理歷程有助於增進陳述性知識：意義化、組織資訊，以及以更有效率的提取方式來儲存資訊。讓我們檢視這些歷程，以決定如何在本課中有效執行之。

學習陳述性資訊的第一個歷程常被稱為「意義化」。就是在這個階段，新資訊必須對學生產生意義。為學習者創造意義，我們能做的

一件最重要事情就是，利用學生先前的知識及經驗來介紹新知識。這很重要，因為這麼做乃依循大腦運作的方式。大腦會自然而然地尋找模式。無論何時我們對學生拋出資訊，他們的大腦有少數幾瞬間都在搜尋，以了解哪些是已知或已經驗過的事物，進而幫助大腦對新資訊產生意義。針對「做計畫」這個單元，我會問學生，他們是否旅行過、做過蛋糕或設計過派對活動。然後我會問：「你如何做計畫？計畫的進行是否成功？你需要哪些資料？你是否忘掉一些東西？書面計畫是否能幫助你記憶？」我會特地以學生做過或經驗過的某些事情當作背景情境，以便新的學習帶有個人的意義。

學習陳述性知識的第二個階段是組織資訊。我們組織資訊的方式有兩種：分辨哪些是重要的、哪些是不重要的資訊，以及針對資訊建立語言的或非語言的模式。為幫助學生理解什麼是計畫、什麼不是，我會根據學生提供的資訊，指出他們所舉例的活動（如：烤蛋糕、設計派對活動，或者去旅行）有無經過計畫。有計畫的活動其各部分是連續的，非計畫的活動則不連續而且考慮不周——這就是事情何以出錯的原因。

為提供學生把資訊組織成語言或非語言形式的機會，我會直接教他們如何創造這兩類組體。語言式組體乃利用話語傳達意義的結構，例如，大綱、學習日誌和摘要都是語言的模式。非語言式組體則依賴結構、符號和圖形來傳達意義，其舉例包括心智圖、圓圈圖（circle maps）和時間線。

學習陳述性知識的第三個階段是，儲存資訊以利在需要時可以輕易提取。身為教師，我可以實施精采的課堂教學，但如果學生不儲存及提取資訊，這些教學就毫無成果。如何儲存資訊取決於如何複習新的學習內容。複習可以採用填鴨式或精緻化策略。填鴨式的複習涉及

到說出、閱讀或寫下資訊的次數達到足以記憶。我們以這種方式來學習數學公式、各州州名，以及字詞拼讀。在其原來呈現的情境下最能有效習得的任何事物，都可以採用填鴨式複習法來學習。其關鍵在於複習量，以及資訊的重現頻率是否足以使學生記得所學。

更有效的複習資訊方式是透過精緻化複習。如果我們想要學生能夠在其他情境下使用該資訊，就需要用到精緻化複習。例如，學生應該能夠在其他情境下應用與計畫有關的詞彙，因此我採用精緻化而非填鴨式複習法來教這些字詞。有些精緻化複習法會包括模擬、非語言式組體和心像法。

 # 第一課——計畫的步驟

針對陳述性目標所設計的教學策略可能類似下列：

標準：設定及管理目標

基準：找出完成目標所需要的資源

- 能展現個人的努力方向和目的。
- 能持續知道自己很接近目標。
- 能做出變通的計畫。

支持的知識：

- 知道與做計畫相關的詞彙。
- 能針對特定任務形成及實施逐步的計畫。
- 能預測到可能的問題。
- 能透過變通的計畫來找出解決問題的方法。
- 能完成計畫。

什麼是這一課的具體部分？（為方便內容的教學。）

- 首先，詢問學生是否曾做過某個計畫但結果卻不成功。提供機

會讓學生討論旅遊計畫、烘焙蛋糕，或者準備生日派對。詢問
學生他們所採用的計畫步驟。

- 對全班學生閱讀 Sylvia Rosa-Casanova 所著的《帕拉維大媽和
  一鍋燉飯》（*Mama Provi and the Pot of Rice*）一書。在該書中，
  帕拉維大媽住在某棟公寓的一樓，她的孫女露西住在八樓。當
  露西得水痘時，帕拉維大媽做了一道她拿手的番紅花雞肉飯
  （arroz con pollo）帶去給孫女吃。上到八樓之前的每一層樓，
  這道菜的美味吸引了鄰居跑出來，他們都說要一起用餐。詢問
  學生，帕拉維大媽是否事先已有計畫。當她上樓去時，計畫是
  否有所改變？和你的學生逐層樓畫出帕拉維大媽和她孫女的晚
  餐計畫。

- 告訴學生，他們將開始上做計畫的單元，並且以簡單的術語說
  明學習目標，以利學生知道自己將要學習什麼。在整個教學單
  元中回顧學習目標，也把這些目標放在教室某處以便學生看得
  到。

- 發給學生做計畫小冊的第一頁，學生在整個單元中要把這個小
  冊完成。要學生把姓名寫在他們的計畫書上，然後在計畫書的
  封面上畫圖使其成為個人的冊子（見表 7.2）。

- 向學生說明，他們的家人可以幫忙學習這個單元。寫一封信給
  家長告知他們這個單元的主題是做計畫，然後把這些信件交給
  學生轉交家人（見表 7.3）。

表 7.2　針對做計畫單元的計畫書

我的計畫書

這個單元是關於做計畫。我的個人學習目標是：

1.

2.

3.

表 7.3　給家長的信

親愛的二年級生家長：

　　我們班正開始上如何做計畫的單元。在整個課程單元中，我們會達到下列的標準和基準：

標準一：設定及管理目標

基準：

● 找出完成目標所需要的資源。

● 能展現個人的努力方向和目的。

● 能持續知道自己很接近目標。

● 能做出變通的計畫。

支持的知識：

● 知道與做計畫相關的詞彙。

（續）

● 能針對特定任務形成及實施逐步的計畫。
● 能預測到可能的問題。
● 能透過變通的計畫來找出解決問題的方法。

　　我們會在這個包括六節課的課程單元中熟練這些基準，而這六節課大約要上兩到三周。

1. 第一、二節課教導學生「什麼是做計畫」。學生將學習與做計畫有關的字彙，也將學習形成不同類型的計畫，以及思考如何把這些計畫用在自己的學習上。
2. 第三、四節課教導學生如何建構思考工具，以及何時應用各項工具。
3. 第五節課教導學生，計畫如何被應用於真實生活。
4. 第六節課提供機會讓學生將其計畫書用於學習某個專題。

　　在這整個單元之中，我懇請您和孩子一起討論各節課的學習。您可以讓孩子協助您做家務計畫，例如列採購清單或規劃菜單。

誠摯的

（教師簽名）

6. 在介紹本單元必要的詞彙之前，應用標題為「我有哪些知識？」（見表 7.4）的知識評分表，針對學生在做計畫方面的先備知識做前測。告訴學生，他們可能對本單元將學習的資訊已有某些知識。應用最前面的第一、二個字詞，以放聲思

表 7.4　我有哪些知識？

字詞	很了解	聽過（看過）	不知道
計畫			
資料			
蒐集			
步驟			
問題			
解決			
評鑑			

考方式（例如：「資料……嗯，我想我知道它的意思，所以我會選『曾聽過（看過）』」）示範做計畫的過程。對於未熟練字詞的學生，教師可以唸出字彙表的每個字詞，以免學生聽不懂。

7.計算有多少學生知道（或認為知道）每個字詞，然後鼓勵他們討論之。

8.應用學生在計畫書上的簡介表，引導學生為本單元設定個人的學習目標。

周詳地教導學生字彙，對幫助學生理解某個主題而言很重要。教字彙時，要採用能讓學生多接觸字詞的教學順序。這方面的字彙教學點子舉例如下：

• 向學生呈現新字詞或片語的簡短說明或描述。應用學生的計畫書指出，這個字詞何時用於做計畫。

• 向學生呈現新字詞或片語的非語言式教具（如：圖畫或繪畫）。

例如，針對「蒐集」（gather）一詞，可以展示一幅某個學生蒐集資料來畫水彩畫的圖畫，或者可以讓學生示範這些字詞，其方式是要求某個學生針對某項任務找遍教室蒐集資料。

- 要學生對新字詞或片語提出自己的說明或描述，然後將其寫在計畫書中（見表 7.5）。
- 在整個學年中，定期要求學生針對精確度檢討其做計畫的工具。

我如何評量這一課的陳述性知識？我會：

- 透過「我有哪些知識？」的活動，正式地評量學生的先備知識。

表 7.5　用圖畫教字彙

字詞	定義	我的圖畫
蒐集		
資料		
計畫		
評鑑		

如何評量這一課的程序性知識？我會：

- 當學生分享其知識時，評量學生在「我有哪些知識？」活動的參與情形。
- 在學生撰寫其計畫書時進行觀察。
- 要求學生應用在計畫書裡的「我的表現如何？」學習單，非正式地反省自己在學習學科標準和基準方面，以及在達成自我目標上的進步情形（見表 7.6）。
- 要求學生就任何指定的任務完成「計畫」作業單（見表 7.7），該作業單列入評量的參考指南。

作為最後的評核，我必須確定已經把學習陳述性和程序性知識的所有步驟都包含在內。

表 7.6 我的表現如何？

我的表現如何？

我知道……

關於……我有疑問。

我之前（或現在）的表現並未達到自己的目標，因為……

下次我要怎麼做以試著達到自己的目標？

表 7.7 「計畫」作業單

說明：畫出你將要做的事

寫出或指出所用的資訊

1.蒐集資料	2.	3.
4.	5.	6.
7.	8.	9.評鑑

（續）

概述你可能會有的問題

概述你如何解決這些問題

陳述性知識

我做了哪些事以協助學生建構意義？

- 我們閱讀某本書，其主要角色做了一個計畫，然後討論她如何因應需要而改變計畫。
- 學生為這個單元設定個人的目標。
- 學生在學習應用特定的字詞之前，已先完成「我有哪些知識？」的表格。
- 清清楚楚教導學生本單元的學習目標。
- 清清楚楚教導學生字彙。

我做了哪些事以協助學生組織資訊？

- 教導學生字彙的定義及舉例，然後要求他們提出自己的定義並畫圖。
- 學生完成包含字詞及過程的計畫單。

我做了哪些事以協助學生將資訊儲存到長期記憶？

- 在應用資訊計畫某個任務時，學生得到的資訊具有真實生活的背景脈絡。
- 透過提問和畫圖，學生建立舊知識和新知識之間的連結。
- 提供學生聽覺的學習、視覺的學習（透過看到字彙的舉例），以及動覺的學習（藉由實際表現所計畫的任務）。
- 提供機會讓學生反省其學習，並且對自己的學習結果畫出結論。

 程序性知識

我做了哪些事以協助學生建構模式？

- 提供字彙的定義及舉例，然後要求學生寫下自己的定義並畫出過程。

我做了哪些事以協助學生形成能力及過程？

- 透過發問技術，引導學生逐漸發現我們所讀之書的做計畫實例。
- 提供模式讓學生觀察。
- 提供圖畫讓學生瀏覽，然後要求他們畫出自己的模式。

我做了哪些事以協助學生內化過程及能力？

- 給學生時間去畫出他們自己的字彙符號。
- 提供機會讓學生應用計畫的過程來完成任務。
- 提供機會讓學生反省其學習，以及從個人的角度來評量達成目標的程度。

 # 反省

　　在本單元結束時，我會要求學生就整個單元來評量自己的學習。我也會從活動及過程的角度來評鑑本單元，表 7.8 的舉例就是我的自我評量。

表 7.8　教師自我評量

請以教師的角色反省你在這個單元的教學。

● 本單元有哪些方面成效良好？為什麼？

● 本單元有哪些方面需要改變？為什麼？

● 請提出改進本單元的建議。

我針對本單元所分配的教學時間是否適當？

某幾節課需要更多的時間？

哪幾節課需要？

● 我認為我的學生的確理解……因為……

● 我認為我的學生毫未理解……因為……

建構教學計畫的模式

　　以圖 8.1 的流程圖為依據，讓我們檢視計畫課堂教學所包含的步驟，以及能幫助教師評鑑其計畫的準則。

1. 應用州定學科目標作為決定教學內容的指引。

2. 寫下州定學科目標及其伴隨的任何基準。

3. 從學科標準提供的目標決定教學內容。

4. 為學習單元建構陳述性目標（學生將學習的知識）和程序性目標（學生將學習的能力）。

5. 應用陳述性和程序性目標做依據，以決定如何評量學生的學習。你如何知道學生已習得陳述性資訊？你如何知道學生能應用所學，或者能表現習得的程序？

6. 為學生提供顯示期望學習結果的評量矩陣，此矩陣之內容應直接反映該單元的目標。

7. 對小學階段的教學，要給家長一封信說明學童即將學習的單元或各節課目標。

8. 在教室裡陳列學習目標，以利全班學生可以看到。在學習該

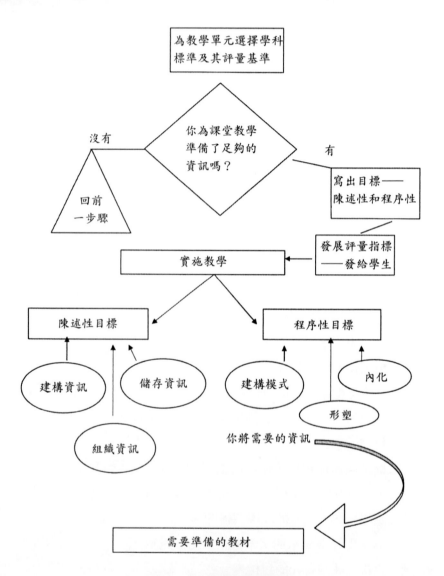

圖 8.1　教學計畫流程圖

節課或單元的過程中常常參看這些目標。

9. 要學生寫下個人的學習目標。要學生時常參看他們的個人目標，並且在該課結束時要求其確定目標是否達成。

10. 應用下列問題為指引，撰寫教學計畫：

- 學生將如何建構陳述性資訊？你將如何應用學生的先備知識及經驗來幫助他們詮釋新的學習？

- 學生將如何組織陳述性資訊？你將如何幫助學生確定哪些是重要的或不重要的資訊？你如何幫助學生把資訊以語言的或非語言的模式來呈現？

- 學生將如何儲存陳述性資訊？要如何複誦這些資訊以利能輕易地從記憶中提取？

- 學生將如何針對程序性資訊建構模式？最初的模式是由教師還是學生建構？

- 學生將如何形塑程序性資訊？是否給予學生適當的時間及回饋，以利他們將自己的模式視為己物？

- 學生將如何內化程序性資訊？是否給予學生適當的時間及回饋，以利學生能自動應用模式？

11. 你需要哪些教材以使本單元教學順利？

12. 你將如何評鑑自己在教學計畫上的成效？你會把該評鑑和學生的學習評量結果結合在一起嗎？

字 彙 摘 要

績效責任（Accountability）

績效責任是機構對其服務對象展現完成使命及負起財務責任之方式。在教育上，績效責任目前被認為必須有可量測的證據，而這些證據通常採用學生在各種測驗的通過率，以顯示教師、學校、學區，以及各州對學生的教學都很有效率、很成功。學校的績效責任是以所採用的州定學科標準，以及量測這些標準的學習評量結果作為根據。

成就落差（Achievement Gap）

如果分組的群體或學生之間在標準化測驗、年級，以及州政府或主管機關所指定的其他數據上，有持續顯著的學業成就差異存在，即表示產生成就落差。這些落差往往是指白人學生和少數族裔之間的落差，後者尤指非裔和西班牙裔。

發現所教班級是否有成就落差的方式之一是，區隔學生的成績資料以了解少數族裔學生是否和白人學生有相同的進步。換言之，如果白人學生在閱讀方面有 2% 的進步，應檢視少數族裔學生是否至少也有相同的進步。你可以教導弱勢學生透過應用兩種工具而產生進步：多樣化和概念化。

另一種常見的成就落差是貧困學生和中產階級出身學生之間的落差。這種落差不僅是就標準化測驗的分數而言，也是就到課率、中輟率，以及更高階課程參與率而言的落差。

連結（Alignment）

連結係指力圖使教師的教學依據課程規定及正式測驗所評量的內容。如果不按照既定內容教導學生——因為不當的教材、不當的教學準備或其他原因，或者，如果正式測驗評量的知識和能力不同於所教的內容，測驗分數顯然會低於應該表現的分數。因此，學校及學區常常很注意課程與教學連結的問題。

評量（Assessment）

評量是指量測學生或教師的學習及表現之行動。評量工具的類型包括成就測驗、最低能力測驗（minimum competency tests）、發展篩檢測驗（development screening tests）、性向測驗、觀察工具、實作任務，以及真實評量。

特定評量方法的效度端視其預設目的適合度而定。例如，單選題、是非題和填空題可被用於評量基本能力，或者評定學生的記憶內容。至於評量其他能力，實作任務可能更適合，根據Marzano（2001）的看法：

> 實作評量要求學生完成某項任務，例如打排球、解決特定類型的數學問題，或者撰寫一封詢問某項產品的簡短商務信函。有時這些任務的設計可能是為了評量學生應用在校所學知識的能力。例如，教師可能會要求學生測量植物的酸鹼值，以判定哪些類別的植物可以在不同的土壤樣本裡生長。

基準（Benchmark）

基準是判斷學習結果表現的標準。有些學校會設定基準，以指出學生在某個學校教育階段應該具備的知識：例如，「在六年級結束時，學生應該能夠指出各大洲主要城市的位置及其他的地理特徵。」

根據 Marzano（2001）的看法：

> 大多數州定學科標準的用詞都很概括，例如：「幼稚園到二年級的學生將會理解及應用基本的和進階的幾何學概念。」然後這項標準即被細分為基準，以利教師和學生能知道他們的教學是否達到這項標準。

例如，Marzano 曾提出幾何學某項學習標準的可能基準如下：

> 基準：理解簡單幾何圖形的基本性質（如：邊數、角、正方角）及其之間的異同。
> 基準：理解空間感的常用語（如：在內、之間、在上、在下、在後）。

認知發展（Cognitive Development）

認知發展係指從生命開始，透過感官知覺來學習、記憶和觀察的過程。兒童出生於會影響其學習內容及學習方式的文化背景之中，來自充實環境（在這種情境下，父母及照顧者和他們一起閱讀，教他們字母和數字，帶他們去遊玩、去博物館）的兒童在開始上學時已做好學習的準備；來自貧困或受虐環境的兒童則常常缺乏這些學前的優勢。為刺激這類兒童的認知發展，教師會採用某些策略，例如，把學習活動置入有意義的情境之下、提供學生可以積極參與的學習情境，

以及把一般資訊和特定的學習情境結合在一起。

脈絡化（Contextualizing）

把資訊脈絡化是指將資訊置入某個架構之中的過程，例如故事的形式。對許多學習者而言，這是最佳的學習方式，因為此即其出身的文化用以學習新資訊的方式。如果你教的學生來自貧困家庭，或者是西班牙裔或非洲裔，把資訊置入適合他們的背景之中很重要。比起採用故事或情境之類的背景脈絡來教陳述性資訊，以討論或講述之類的傳統方式教導這些資訊，會使他們更難找出學習的意義。

合作學習（Cooperative Learning）

合作學習是把個人及小組的責任與分組學習結合的教學策略。在由不同才能、能力，以及背景的個人所組成的小組中學習，同組學生會被分派一個以上的學習任務，而且教師或小組常常會把對順利完成本組任務很重要的個人責任分配給每個成員。

若應用良好，合作學習能讓學生同時習得知識和社會技巧。比起在其他情況下可能不會努力一起學習，同組合作學習的學生會彼此學習，也相互認識及尊重其他成員。研究顯示，如果應用恰當，合作學習會提升學生的學業成就。應用這類策略的學校指出，學生的到課率有所改善，因為他們覺得自己對小組有不可或缺的重要性。

課程（Curriculum）

雖然課程一詞有許多可能的意義，但它通常指的是條列對學生之教學內容（如：所學科目）的書面計畫。課程文件也常常包括對教學內容詳細的說明或建議。課程亦指某個學校所教的所有科目，或者在

某個特定學習領域方面學校所教的所有科目。例如,英文課程可能包括英語文學、文學、世界文學、散文文體、創意寫作、商務寫作、莎士比亞、現代詩和小說。小學的課程則通常包括語文、數學、科學、社會科學及其他學科。

資料本位的決定 (Data-Based Decision Making)

資料本位的決定涉及到分析現有資料來源,例如班級和學校的學生到課率、中輟生比率、年級、測驗分數、學生作品集、調查結果,以及訪談結果等,以做出關於學校或班級的決定。此過程牽涉到組織及詮釋資料,以及提出行動計畫。

與儲存記憶相關的陳述性資訊
(Declarative Information Related to Storage)

對大腦的儲存記憶而言,陳述性資訊最難以學習。學生用以處理陳述性資訊,然後將其送往長期記憶的三個必要過程是:(1)建構意義;(2)組織資訊;以及(3)儲存陳述性資訊。

建構意義。如果學習的內容不合理,或者對學習者而言欠缺意義,學習者無法吸收學習內容的可能性就很高。每個人都會為自己建構意義;無人能代而為之。然而,教師可以做一些事情來幫助學生建構意義。教師可藉由把舊學習連結到新學習來開始教學。大腦喜好模式,而且總是會搜尋已儲存的資訊以建立和新資訊的連結。如果你正在教的是學生欠缺先備知識的單元,請透過提問或提供刺激來幫助學生連結人物角色或資訊,使其對新的學習建立同理心或個人的連結。例如,在介紹主題為估測的單元時,你可以帶一罐彈珠到教室,要學生比賽有誰能猜中罐子裡有多少彈珠。讓學生分小組學習,為正確的

答案相互競賽，然後要他們討論找出答案所採用的心智思考過程。

　　組織資訊。如前所述，大腦喜好模式。教師為幫助學生了解組織資訊之模式而做的任何事，都可以幫助學生記憶資訊。列大綱是最常用的方法，但是對許多學生而言，它不是適合大腦功能的策略。在幫助學生組織及記憶資訊方面，非語言式組體的效果較優，這類組體可以簡單呈現某個主題的特性，或者應用更多複雜的思考。例如，在起始階段，教師可以直接教學，向學生示範如何畫簡單的圓圈圖以顯示導致結果的一連串事件（見圖1，導致波士頓茶葉黨事件的簡單圓圈圖）。如果身為教師的我想要學生開始了解事件之間的關聯，我會擴充這個基本模式，俾向學生說明旁支事件如何影響主要事件。圖2是該模式大致樣貌之舉例。這個模式不僅顯示事件的順序，也分支列出

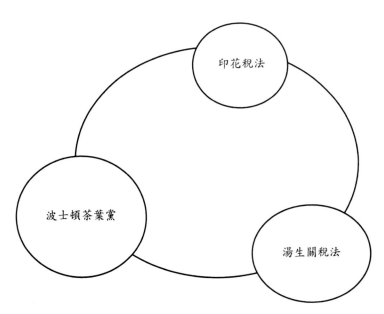

圖 1　顯示事件順序的簡單圓圈圖

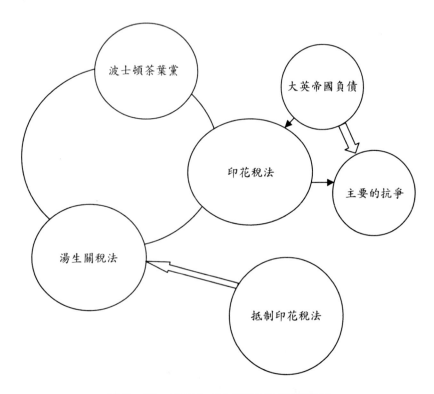

圖 2 顯示事件如何相關的複雜圓圈圖

影響主要事件順序的問題。其要領在於我們可以透過模式引導學生進行相當複雜的思考,至於如何在課堂上應用更高階模式,請瀏覽www.pegasuscom.com 網站了解更多的資訊。

　　儲存陳述性資訊。事實資訊的儲存路徑是語意記憶系統(semantic memory system),這是所有記憶路徑中最不可靠的。如果你有試圖回想某件確知之事卻似乎想不起來的經驗,很有可能你在搜尋的就是事實資訊。儲存這類資訊不代表日後可以輕易回想起來。語意記憶需要連結項或線索來促進資訊儲存及記憶。有些教師利用其他記憶系統

來提供學生線索,例如:把動作加入學習之中以應用程序性的記憶系統,而這類系統很有利於記憶;把字彙表以顏色編碼或應用圖表模式,以利將背景脈絡加到學習之中,然後應用情節記憶系統(episodic memory system);把音樂、討論或辯論的方式加入情緒因素,以應用大腦的情緒記憶系統。總之,把興趣、興奮情緒或挑戰放入學習之中,全都能幫助深化和強化學習,並且促進回想。

陳述性目標(Declarative Objectives)

陳述性目標的形成係根據教師要學生在教學過程之後習得的知識:這些是在學習過程中呈現的事實和資訊。例如,以下是兩則陳述性目標:

- 學生將知道解決問題的必要步驟。
- 學生將知道本單元的字彙。

充實學習(Enrichment)

充實學習係指對學習而言有價值又有趣的主題和活動,但它不是基礎教育——「值得知道」但不一定是人人都需要知道的知識。雖然人們對什麼是基本的、什麼是充實的,不一定有共識,卻可能同意後者的例子包括學習 Wordsworth 的詩或 Alexander Hamilton 的傳記。

充實學習一詞也應用於父母致力補充孩子的課外學習,例如參觀科學或藝術博物館、以教育活動來度假、使用地方圖書館,或者觀賞地方的戲劇、交響樂團或芭蕾舞表演。

主要問題(Essential Questions)

主要問題是用來對某科目或學習單元提出焦點的基本問題,例

如；「美國經驗有什麼特色？」這類問題必須取材自極重要的主題，而且其答案無法做成簡明的摘要。

明示性教學（Explicit Instruction）

明示性教學是教師導向的教學策略，包括講述、啟發式提問、練習，以及示範如何學習特定技能資訊或過程所包含的步驟。

明示性教學包括的步驟為：首先，教師提出有範圍的舉例並引導學生練習，接著提出實例和非實例（後者指不是某事物的舉例）。

其次，學生參與引導的練習活動，當學生練習時，教師在場給予立即的回饋。第三，學生轉換到獨立練習，當他們練習時（如：做家庭作業）教師並不在場。

在明示性教學方面，教師會透過說明、示範、引導練習、回饋等方法，使得有效讀寫活動所採用的思考過程盡可能清晰明白。首先，教師會說明該策略是什麼，告訴學生為什麼該策略有用，然後示範何時及如何將該策略用於某些學習任務。第二，教師提供學生搭鷹架的機會以練習該策略，並且鼓勵學生自我評量其應用該策略的效能。

間接經驗（Indirect Experience）

學生在課堂上以直接或間接方式獲得陳述性資訊（例如，概念、通則、原理、事實、詞彙）的學習經驗。直接經驗是指學生參與實質活動，而實質參與可以是真實的或模擬的，例如，搭飛機的真實經驗涉及到實際登上機艙，而模擬的經驗則可能涉及搭乘飛行模擬器，或者在課堂上操控模型飛機。

非直接經驗是指學生並未參與實質活動。常見的非直接經驗包括觀察、示範、觀看影片、閱讀，以及聆聽報告或講課內容。由於其安

排需要的時間和力氣相對較少，非直接經驗經常用於課堂上，但教師應該盡可能混合應用直接和非直接經驗。

跨學科課程（Interdisciplinary Curriculum）

跨學科課程從兩個以上的學科領域取材，並把焦點放在特定的主題上。例如，某班學習名為「海洋」的單元，而非分開學習文學和社會學科。在學習過程中，學生閱讀關於以海為生或住在海邊的詩文及故事，學習海岸地區的地理環境，以及研究海邊和海島的居民為什麼有不同的生活方式。有效的跨學科學習單元具備下列要素：

- 主題能引導學生從不同的幾個觀點來學習。
- 教師要學生探究一個以上的主題（或主要問題）。
- 學習活動透過從一個以上的學門或學校科目來建立知識之間的關聯，俾使學生擴充理解。

跨學科課程取材自某些通常分開教授之學科，它與統整課程（integrated curriculum）有所不同，因為後者涉及到毫不考慮所探究的學科是否出現於一般的學校課程之中。

混合能力編班（Mixed-Ability Grouping）

刻意把不同才能和需求的學生混合安排在同一個班級裡被稱為「混合能力編班」。這個方法——也稱為「異質分組」（heterogeneous grouping）——的有效運作端賴教師的因材施教能力，以利所有學生都覺得受到挑戰和有成就感。倡導者認為混合能力編班能避免後段班學生被放棄，並且確保所有學生都能學習受重視的課程內容。反對者則認為此方法使得教師很難管理這類班級、阻礙了最聰明學生的加速學習，也導致課程被簡化。

混齡編班（Multi-Age Grouping）

混齡編班的教學策略是把不同年齡的學生分在同一個班級，而非按照年齡分班（例如，把六歲的學童分到一年級、把七歲的學童分到二年級）。混齡編班在小學實施的頻率比中學高。混齡編班的對象通常是低年級的五到七歲學童，以及中年級的八到十歲學童。把兩個年級以上的學童合在一班的理由，是為了不計年齡大小而把發展層次相同的學生分在同一班。換言之，學生可以按照較快或較慢的速度來學習而不會被視為不正常。

實作任務（Performance Tasks）

實作任務是要求學生表現其能力的活動、練習或問題。有些實作任務的目的在評量某種能力，例如解決特定類型的數學問題。有些實作任務的設計則在使學生透過應用知識來表現理解程度，例如，教師給學生一張標示國名及位置的非洲各國地圖和一張 1945 年的地圖，然後要求學生說明其異同。為使評量更真實（更像真實生活），這項任務要求學生撰寫報紙報導來說明非洲的政治變化。

實作任務通常會有一個以上可接受的解答。這些任務可能要求學生針對某個問題提出回答，然後加以說明或辯解。實作任務被視為一種學習評量（用來替代或補充傳統的測驗），但也可以當作學習活動來使用。

多樣化（Pluralizing）

多樣化是指在教導學生資訊方面提供至少三種策略，例如，教師可透過提出定義及舉例而直接教導學生字彙。教師也可以透過說故事或要求學生提出說明字詞意義的故事，而提供字彙的背景脈絡。第

三，教師可以要求學生應用表 1 之類的圖表要學生畫出符號，以幫助
學生記憶字詞。

表 1　教學生字彙的模式

字彙	定義	素描
	有四個等邊的圖形	方形

　　上述第一項字彙教學策略是用於大多數中等社經階層學生的傳統
方法，這些學生以英語為基本用語。第二個教學策略舉例可被用於來
自都市地區的貧困學生。對他們而言，提供字詞的背景脈絡很重要，
因為這是他們在生活環境中的學習方式；由於他們不使用中等階層的
正式語言，提供字詞的背景脈絡有助於賦予字詞意義。最後一個舉例
可被用於幫助英語學習者（ELLs），這些學生缺少為學習提供背景脈
絡的字彙。透過提供視覺模式，教師得以幫助他們把資訊儲存在有脈
絡的記憶路徑（如：情節記憶）之中，而非辛苦將其存在語義的記憶
路徑之中──後者係以字詞和事實資訊為準。

程序性目標（Procedural Objectives）

　　程序性目標是我們要學生在學習之後能表現的能力。程序性目標
處理的是技能和過程，教師在為某單元或某課預備程序性目標時，應
該問自己四個問題：

　　學生必須熟練的是哪些技能和過程？Marzano（1992）指出：「我
們對於建立模式、形塑和內化的直接注重，應該保留給那些對課程內

容而言很重要的、高度複雜的，或者學生不熟悉的技能和過程。」例如，就某個以氣候為題的單元而言，教師認為，對學生而言懂得如何判讀晴雨表是件重要的事。這項技能是學生一輩子都會用到的技能，而且對於了解氣候變遷的氣溫判讀方面很重要。值得注意的是，並非某單元應用到的所有技能在這時候都值得熟練，因此它們不是這個單元的部分程序性目標。認識這些技能會很不錯，但它們不是最重要的。

接下來的三個問題和學生把程序性資訊儲入長期記憶的過程有關。

如何幫助學生建構模式？教師能幫助學生建構模式的一些方式包括：透過放聲思考讓學生看出教師在過程中如何做決定、提供一套書面的步驟給學生，以及應用流程圖。創造學習的心像圖是應用模式的另一個有效方法，例如，小學教師可以要求學生在腦海裡想一遍創作拼貼畫的步驟；文學課教師可以提供學生創作五行打油詩的步驟；以及數學科教師可以先示範長除法的程序，給學生練習的時間，然後要求學生畫出所包含步驟的流程圖。

如何幫助學生形塑技能或過程？（見形塑）形塑是學習程序性知識方面最被忽略的部分，因此針對形塑做明確的教學計畫很重要。

如何幫助學生內化能力或過程？練習是內化程序性知識的關鍵。有多少時間會用於練習（包括集中的和分散的練習）？一般而言，剛開始的練習時段要緊接著，然後可以逐漸間隔越來越遠。例如，教閱讀的教師可以要求學生每天進行找出參考資料的活動。在建立找出參考資料的一些能力之後，學生每逢周一和周二練習 30 分鐘，然後周五再練習 30 分鐘；下一周，學生會有兩個 30 分鐘的練習時段；接下來的三周，他們每周都有一段 30 分鐘的練習。

反省活動（Reflection Activities）

反省活動引導學生思考學習過程，以及確認自己學到了什麼和不懂什麼。在學習結束之後練習反省，能幫助學生把資訊存入長期記憶。反省使學生視學習為自己的事，而且確定學生將會進行心智思考的過程。

被應用於反省的一些工具包括了KWLH（已知、欲知、已學到、如何學到）練習。其他工具則包括 PMI 自陳表（正面的—負面的—有趣的）、是什麼、有何關係、現在如何（What, So What, Now What），以及離開教室許可票。

搭鷹架（Scaffolding）

搭鷹架係指教師提供支持以使學生順利完成複雜的學習任務，否則學生將會失敗。大多數教師在學生著手實作任務之後，就完成其教學工作，而非在學生開始之前就完成教學。例如，一組國小學童致力於發行學生報紙的工作時，教師指導他們如何進行訪談、寫新聞報導，以及為照片考慮適合的標題。由於教師「支持」學生以確保他們的努力不會白費，研究者就採用工人有時在建築物旁搭鷹架的這個意象來描述之。當學生變得更有能力時，教師會給他們更多的責任，並且把不再需要的鷹架移開。這種逐漸撤除支持的情況稱為淡出（fading）。

形塑（Shaping）

形塑是把程序性資訊存入長期記憶的三個必要過程之一。形塑係指學習者的參與能使其認定學習過程是自己控制的。當學生為新的技能或過程建構初步的模式時，他們通常會從某個模式開始，但接著會

形塑及改變此模式，直到它變得可用為止。例如，某個學生可能會為長除法建構初步模式，但後來發現一些使運算過程更方便的訣竅。這些改變即稱為形塑。Marzano（1992）認為：

　　形塑新技能或過程的重要性，再怎麼強調都不為過。教師無視於這方面程序性知識的學習，是學生無法有效應用基本技能和程序的主因，因此針對形塑的課堂教學活動必須有計畫。

教師能針對形塑而做的教學計畫，列舉部分如下：

- 為學生提供練習所學的機會。在學生練習時，幫助學生了解學習過程中的差異。例如，作文教師在透過示範以幫助學生形塑寫作過程時，會徹底說明其採用的過程。他會就著投影片顯示的短文說：「讓我們想想，我應該在這裡使用名詞的『你』或『某』？如果使用『某』，那麼整篇文章都應該要用『某』……。」

- 指出常見的錯誤和缺點。初次學習新的技能或過程時，學生很容易不知不覺就犯下錯誤。因此，形塑程序性知識的另一方面是向學生指出其錯誤和缺點。教師可以示範這些常見的錯誤和缺點，或者在學生犯錯時指出這些錯誤。

- 提供學生可以應用特定技能或過程的各種情境。對某個內容領域很重要的大多數技能或過程，都可以應用於不同的情境。例如，長除法的步驟以許多方式被應用於許多類型的問題上。形塑的重要部分之一是，允許學生體驗可運用所學技能或過程的各種情境。

螺旋式課程（Spiral Curriculum）

螺旋式課程是一種課程設計方式，能使學生在幾年內周期性地再學習關鍵主題，而且各次教材均更深入呈現這些主題。因此其課程目標每次都會隨著教材再現而改變，以利更適合學生的發展狀況，學生的學習也隨著各次螺旋課程而更深入。螺旋式課程的對比是精熟學習，後者認為學生在繼續學習其他主題之前，必須充分學習及熟練目前所學主題。

學科學習標準（Standards）

在目前的用法上，學科學習標準通常是指期望學生學習及表現的特定標準。在課程上這些標準通常採用兩種形式：

- 學科內容標準（content standards）告知學生，他們在不同的學科領域方面被期望了解及表現的知識，例如數學和科學。
- 學習表現標準（performance standards）具體設定所期望的學習結果程度。這類標準評量學生在學科內容標準方面所達到的程度。

我們目前有全國的和各州的標準，許多地區也有地方的標準。所有這些標準都應該相互連結。

針對理解而教學（Teaching for Understanding）

使學生參與學習活動的目的，是為了幫助他們理解所學主題的複雜內容，這種教學被稱為「針對理解而教學」。針對理解而教學不同於只重記憶的教學，後者導致學生能回答問題卻不了解其提出答案的真正意義。專家們建議，判別學生是否理解的有效方法是要求學生實作，以顯示他們能在真實的情境下應用所學。例如，學生可以參與模

擬的審判過程，以證明自己已經理解被告的權利。當學生實際表現某個任務以顯示應用和理解的程度時，該任務稱為「實作任務」。

為測驗而教學（Teaching to the Test）

為測驗而教學發生在教師幫助學生準備測驗之時，其方式係透過強調測驗所包含的特定事物而非測驗所欲評量的更廣知識範圍。極端的例子之一是，要學生練習教師認為會在拼字測驗中出現的 20 個字詞，而非教導學生應該學會拼寫的一整套字詞。

字 彙 後 測

　　本書一開始已提供字彙表及字彙的前測，以下是字彙後測的題目及答案。請於閱讀完題目後選出一個最佳的答案。

1. 教學生拼字測驗會考到的 20 個字詞而不教其他字詞，被稱作……

　　A. 為測驗而教學

　　B. 針對理解而教學

　　C. 形塑

　　D. 明示性教學

2. 整課的教學會被連結起來，如果……

　　A. 教師針對理解而教學

　　B. 教師為目標而教學

　　C. 教師根據書面課程或學科學習標準進行教學及評量

　　D. 教師使用本州或地方的學科學習標準作為教學依據

3. 哪一個術語意指每次都以增加學習深度的講解持續教導相同的概念？

　　A. 搭鷹架

　　B. 螺旋式課程

　　C. 實作任務

　　D. 針對理解而教學

4. 檢視資料以判別是否各組學生都有學習上的進步，這是在……

　　A. 分化資料

　　B. 把資料基準化

　　C. 分隔資料

D. 操弄資料

5. 主要問題和下列何者有關？

　　A. 把單元劃分為單課教學

　　B. 有效的發問技術

　　C. 陳述性目標

　　D. 程序性目標

6. 為聰明的學生提供學習更複雜任務的機會，稱作……

　　A. 搭鷹架

　　B. 實作任務

　　C. 充實學習

　　D. 複數化

7. 選出「非」程序性知識的學習階段舉例。

　　A. 建構模式

　　B. 理解意義

　　C. 形塑

　　D. 內化

8. 何者是最被忽略的程序性知識學習階段？

　　A. 建構模式

　　B. 理解意義

　　C. 形塑

　　D. 內化

9. 何者是內化的關鍵？

　　A. 練習

　　B. 模式建構

　　C. 擴展

D. 發問

10. 教師向學生指出學習上可能遇到的問題時，就是在應用……

　　A. 擴展

　　B. 模式建構

　　C. 形塑

　　D. 組織

11. 非語文的或圖表的模式即何者之舉例？

　　A. 形塑

　　B. 組織

　　C. 擴展

　　D. 內化

12. 給學生許多舉例和想法，然後在學生有更多機會應用這些資訊時減少指導，此例是……

　　A. 組織

　　B. 內化

　　C. 形塑

　　D. 搭鷹架

13. 學習資源、分組目標、環境和任務是下列何者所應用的術語？

　　A. 充實學習

　　B. 合作學習

　　C. 因材施教

　　D. 跨學科課程

14. 下列哪一種途徑最常被應用於學習情境的提供？

　　A. 程序的

　　B. 語意的

C. 情節的

D. 自動的

15. 以故事的形式來教學是何者的實例？

A. 複數化

B. 情境化

C. 搭鷹架

D. 充實學習

16. 把動作加到數學事實的學習上，就是在增加學習的哪一種途徑？

A. 語意的

B. 情節的

C. 充實的

D. 程序的

17. 何者是程序性目標？

A. 「學生將了解詞彙的意義。」

B. 「學生將提出解決問題的計畫。」

C. 「學生將知道故事主角的姓名。」

D. 「學生將知道故事的各個部分。」

18. 何者是陳述性目標的例子？

A. 「學生將知道故事的各個部分。」

B. 「學生將回答同學問的問題。」

C. 「學生將針對腳踏車的各部分做出心智圖。」

D. 「學生將說明差異和錯誤之處。」

19. 當教師提供一個以上的情境時，就是在……

A. 搭鷹架

B. 複數化

C. 應用螺旋式課程

D. 應用直接經驗

20. 下列何者「非」實作任務的特徵？

A. 為特定對象而寫作

B. 是真實生活中的活動

C. 是程序性的

D. 通常由教師主導

字彙後測答案

1. A	6. C	11. B	16. A
2. C	7. B	12. D	17. B
3. B	8. C	13. B	18. A
4. C	9. A	14. C	19. B
5. A	10. C	15. B	20. D

參考文獻

Anderson, J. (1990). *Cognitive psychology and its implications.* New York: W. H. Freeman.

Bandler, R. (1988). *Learning strategies: Acquisition and conviction* [Videotape]. Boulder, CO: NLP Comprehensive.

Jensen, E. (1997). *Completing the puzzle: The brain-compatible approach to learning* (2nd ed.). Del Mar, California: Turning Point.

Marzano, R. J. (1992). *A different kind of classroom: Teaching with dimensions of learning.* Alexandria, VA: Association for Supervision and Curriculum Development.

Marzano, R .J. (1998). *A theory-based meta-analysis of research on instruction.* Aurora, CO: Mid-Continent Regional Educational Laboratory.

Marzano, R. J. (2001). *Designing a new taxonomy of educational objectives.* Thousand Oaks, CA: Corwin.

Parks, S., & Black, H. (1992). *Organizing thinking* (Vol. 1). Pacific Grove, CA: Critical Thinking Press.

Snowman, J., & McCown, R. (1984, April). *Cognitive processes in learning: A model of investigating strategies and tactics.* Paper presented at the annual meeting of the American Educational Research Association, New Orleans, LA.

Sprenger, M. (2002). *Becoming a wiz at brain-based teaching: How to make every year your best year.* Thousand Oaks, CA: Corwin.

Tileston, D. W. (2004a). *What every teacher should know about diverse learners.* Thousand Oaks, CA: Corwin.

Tileston, D. W. (2004b). *What every teacher should know about student assessment.* Thousand Oaks, CA: Corwin.

Tileston, D. W. (2004c). *What every teacher should know about student motivation.* Thousand Oaks, CA: Corwin.

Wiggins, G., & McTighe, J. (1998). *Understanding by design.* Alexandria, VA: Association for Supervision and Curriculum Development. (中文版書名為《重理解的課程設計》，2008 年由心理出版社出版)

國家圖書館出版品預行編目（CIP）資料

所有教師都應該知道的事：教學計畫／Donna Walker
Tileston 作；賴麗珍譯. --初版.-- 臺北市：心理，
2011.08
　　面；　公分.--（教育現場系列；41140）
譯自：What every teacher should know about
　　　instructional planning
ISBN 978-986-191-444-2（平裝）

1. 教學方案

521.62　　　　　　　　　　　　　　100011001

教育現場系列 41140

所有教師都應該知道的事：教學計畫

作　　　者：Donna Walker Tileston

譯　　　者：賴麗珍

執 行 編 輯：高碧嶸

總 編 輯：林敬堯

發 行 人：洪有義

出 版 者：心理出版社股份有限公司

地　　　址：231026 新北市新店區光明街 288 號 7 樓

電　　　話：(02) 29150566

傳　　　真：(02) 29152928

郵撥帳號：19293172　心理出版社股份有限公司

網　　　址：https://www.psy.com.tw

電子信箱：psychoco@ms15.hinet.net

排 版 者：辰皓國際出版製作有限公司

印 刷 者：昕皇企業有限公司

初版一刷：2011 年 8 月

初版四刷：2022 年 9 月

I S B N：978-986-191-444-2

定　　　價：新台幣 120 元